LINGUAGEM CORPORAL

Como Entender Relacionamentos, Autoestima, E Comunicação Não Verbal

(Como Reconhecer Sinais Vitais Em Qualquer Situação)

Troy Wolfe

Traduzido por Daniel Heath

Troy Wolfe

Linguagem Corporal: Como Entender Relacionamentos, Autoestima, E Comunicação Não Verbal (Como Reconhecer Sinais Vitais Em Qualquer Situação)

ISBN 978-1-989837-30-6

Termos e Condições

De modo nenhum é permitido reproduzir, duplicar ou até mesmo transmitir qualquer parte deste documento em meios eletrônicos ou impressos. A gravação desta publicação é estritamente proibida e qualquer armazenamento deste documento não é permitido, a menos que haja permissão por escrito do editor. Todos os direitos são reservados.

As informações fornecidas neste documento são declaradas verdadeiras e consistentes, na medida em que qualquer responsabilidade, em termos de desatenção ou de outra forma, por qualquer uso ou abuso de quaisquer políticas, processos ou instruções contidas, é de responsabilidade exclusiva e pessoal do leitor destinatário. Sob nenhuma circunstância qualquer, responsabilidade legal ou culpa será imposta ao editor por qualquer reparação, dano ou perda monetária devida às informações aqui contidas, direta ou indiretamente. Os respectivos autores são proprietários de todos os direitos autorais não detidos pelo editor.

Aviso Legal:
Este livro é protegido por direitos autorais. Ele é designado exclusivamente para uso pessoal. Você não pode alterar, distribuir, vender, usar, citar ou parafrasear qualquer parte ou o conteúdo deste ebook sem o consentimento do autor ou proprietário dos direitos autorais. Ações legais poderão ser tomadas caso isso seja violado.

Termos de Responsabilidade:
Observe também que as informações contidas neste documento são apenas para fins educacionais e de entretenimento. Todo esforço foi feito para fornecer informações completas precisas, atualizadas e confiáveis. Nenhuma garantia de qualquer tipo é expressa ou mesmo implícita. Os leitores reconhecem que o autor não está envolvido na prestação de aconselhamento jurídico, financeiro, médico ou profissional.

Ao ler este documento, o leitor concorda que sob nenhuma circunstância somos responsáveis por quaisquer perdas, diretas ou indiretas, que venham a ocorrer como resultado do uso de informações contidas neste documento, incluindo, mas não limitado a, erros, omissões, ou imprecisões.

Índice

Parte 1 1

Introdução 2

Capítulo 1: Linguagem Corporal, O Que É Isso? 8

DECIFRANDO A LINGUAGEM CORPORAL 11
PRIMEIRA IMPRESSÃO CONFIANTE 12
ATITUDE DEFENSIVA E REUNIÕES DESAFIADORAS 14
VÍNCULO COM EQUIPE DE TRABALHO 15
MENTIR 16
REFLEXÕES, NEGOCIAÇÕES E ENTREVISTAS 18
UM POVO, CORES DIFERENTES 19

Capítulo 2: Benefícios da Linguagem Corporal 21

TORNA A COMUNICAÇÃO OBJETIVA 22
EXPRESSA EMOÇÕES 23
FALA MAIS QUE AS PALAVRAS 25
AJUDA A TRANSMITIR MENSAGENS DIFÍCEIS 26
É FÁCIL DE SER INTERPRETADA 26
IDENTIFICA TRAÇOS DE PERSONALIDADE 27
CRIA UMA BOA PRIMEIRA IMPRESSÃO 28
EVITA O EFEITO CONTRÁRIO 29
MELHORA AS VENDAS 29
CRIA OPORTUNIDADES 30
AJUDA A PERCEBER OUTRAS EVIDÊNCIAS NÃO VERBAIS 30

Capítulo 3: Reconhecendo A Linguagem Corporal (Leitura, Compreensão E Interpretação) 32

LEITURA CORPORAL 32
Olhos 34
Braços 39
Pés E Pernas 41
Posição Da Cabeça 47

Postura 47
Boca 49
Linguagem Corporal Universal 53
DESVENDANDO A LINGUAGEM CORPORAL 54

Capítulo 4: Como Evitar A Linguagem Corporal Negativa .. 56

TOM DE VOZ 56
POSTURA CORPORAL NEGATIVA 57
NUNCA USE PALAVRÕES OU INSULTOS 58
EXPRESSÃO FACIAL 59
NÃO FIQUE NA DEFENSIVA 60
CONTATO FÍSICO 61
EVITE BELISCAR, MASTIGAR OU COMER 61
EVITE SUSPIRAR 62

Capítulo 5: A Linguagem Corporal Positiva E como
Desenvolvê-La 64

LINGUAGEM CORPORAL POSITIVA 64
COMO DESENVOLVER UMA LINGUAGEM CORPORAL POSITIVA 66
Seja Altamente Observador 66
Ensaie Com Uma Câmera 67
Use Livros E Vídeos Em Seu Treinamento 68
A Melhor Forma De Aprender É Praticando 69
Visualize-Se 69
COMO DESENVOLVER UMA LINGUAGEM CORPORAL POSITIVA 71
Seja Positivo 71
Experimente A Técnica Do Espelhamento 72
Respeite O Espaço Pessoal Do Outro 72
Mantenha A Postura Ereta 73
Segure Os Objetos Longe Do Peito/Coração 73
Use As Mãos Para Demonstrar Confiança 74
Sorria Quando Apropriado 75
Acene Para Demonstrar Atenção 75
Esforce-Se Para Fazer Contato Visual 75
Evite Cruzar Pernas E Braços 76
Mantenha O Equilíbrio 77
Tenha Consciência Das Suas Emoções 78

Capítulo 6: O Que Sua Linguagem Corporal Diz 80

QUEBRANDO CONTATO VISUAL... 81
OLHANDO PARA CIMA 81
OLHANDO PARA CIMA E EM SEGUIDA PARA DIREITA 82
EVITE ENCARAR AS PESSOAS 82
OLHANDO RÁPIDO PARA O LADO 82
ARREGALANDO OS OLHOS 83
PISCANDOCONTINUAMENTE 83
EVITANDO CONTATO VISUAL 83
OLHANDO TORTO COM AS SOBRANCELHAS BAIXAS 83
INCLINANDO A CABEÇA E OS OLHOS PARA BAIXO 84
BALANÇANDO AS PERNAS CRUZADAS 84
SENTANDO-SE COM O TORNOZELO NO JOELHO 84
CRUZANDO AS PERNAS EM DIREÇÃO AO OUTRO 85
SENTANDO-SECOM AS PERNAS SEPARADAS 85
COM AS MÃOS NA CINTURA 85
DEDOS ESTENDIDOS E PALMAS FECHADAS 86
COM OS DEDOS ENTRELAÇADOS 86
COM A PALMA DA MÃO PARA CIMA 86
COM AS MÃOS PARA FORA 87
TOCANDO A FRENTE DO PESCOÇO 87
APONTANDO O DEDO PARA O OUTRO 87
COM AS MÃOS NA NUCA 87
BRAÇOS DOBRADOS... 88
COM OS BRAÇOS ABERTOS 88
COM OMBROS ALINHADOS 88
PASSANDO A MÃO NO QUEIXO E APOIANDO NA BOCHECHA 89
LEVANTANDO O QUEIXO 89
ESFREGANDO O NARIZ 89
ACENANDO DEMAIS COM A CABEÇA 89
ACENO DE CONCORDÂNCIA COM A CABEÇA 90
BELISCANDO O NARIZ E FECHANDO OS OLHOS 90
INCLINANDO ACABEÇA 90
SORRINDO SÓ COM OS LÁBIOS 91
PUXANDO E TOCANDO AS ORELHAS 91
ABAIXANDO A CABEÇA E OLHANDO PARA BAIXO 91

Capítulo 7: Segredos Da Linguagem Corporal Para Uma Entrevista, Encontro E Outros 93

NO PRIMEIRO ENCONTRO 94
EM UMA ENTREVISTA IMPORTANTE 96
SOLTEIRO EM BUSCA DE COMPANHIA 99
FALANDO EM PÚBLICO OU APRESENTANDO-SE 100
CONHECENDO OS SOGROS 102

Capítulo 8: 10 Dicas Simples E Poderosas Da Linguagem Corporal 105

PROJEÇÃO DOS NÍVEIS DE CONFIANÇA 105
IDENTIFIQUE OS QUATRO SINAIS DE DESONESTIDADE 107
SORRIA PARA SIMPLIFICAR TAREFAS DIFÍCEIS 108
APRENDA A ENVOLVER AS PESSOAS 109
ELIMINE OBSTÁCULOS PARA INCENTIVAR A COLABORAÇÃO 110
OFEREÇA UM CHÁ PARA REDUZIR A RESISTÊNCIA 111
EXPLORE OS GESTOS DE AUTORIDADE 112
MUDE A TÁTICA PARA CRIAR UM AMBIENTE DESCONTRAÍDO 113
CAUSE UMA BOA IMPRESSÃO PARA FECHAR UM NEGÓCIO 114
ENSINE AS PESSOAS A MELHORAREM SUA LINGUAGEM CORPORAL 115

Parte 2 122

Introdução 123

Capítulo 1: A Verdade Sobre A Linguagem Corporal 125

Capítulo 2: Linguagem Corporal Aberta E Fechada 130

Capítulo 3: Interpretando Movimentos Da Cabeça E Posições 133

Capítulo 4: Interpretando Os Movimentos E Posições Dos Olhos 141

Capítulo 5: Interpretando Expressões Faciais 147

Capítulo 6: Interpretando Os Braços E As Mãos 152

Capítulo 7: Interpretando A Postura 160

Capítulo 8: Interpretando As Pernas E Pés 163

Capítulo 9: Lendo Emoções 165

Capítulo 10: Usando A Linguagem Corporal Como Uma Vantagem No Mundo Real 173

DICAS GERAIS SOBRE LINGUAGEM CORPORAL 173
PROXIMIDADE 174
CONFIANÇA 177
DICAS 177
AUMENTANDO O CARISMA 179
MELHORE O DISCURSO 186

Capítulo 11: Evitando Os Erros Da Linguagem Corporal .. 188

Conclusão 194

Parte 1

Introdução

As conversas sãopartedo cotidianohumano, sejam elas formais ou informais, e a linguagem corporal desempenha um papel importantíssimo nessas conversas. Os gestos usados pelas pessoas paraajudar a enfatizar as palavras, podem substituir a fala ou só acentuá-la. No entanto, em alguns momentos esses gestos são usados de formatotalmente inconsciente pelo falante e quando isso acontece, a pessoa nunca está ciente do tipo de mensagem que podeestar transmitindo. Por isso é fundamental que as pessoas assumam o controle de suas vidas tanto na forma como falam ou como se expressam. E se algo desse gênero acontecero indivíduo será capaz de identificar sua própria linguagem corporal, facilitando o controle dos seus movimentos e gestos.

Cada gesto, movimento, passo, postura ou até mesmo a forma de se sentar tem muito a dizer ao público sobre nós. Os movimentos com as mãos, rosto, pernas, boca e cabeça podem definitivamente estar transmitindo alguma mensagem que em muitos casos as pessoas sequer têm conhecimento, pessoas que andam e falam com imprudência sem se importar em saber se seus gestos corporais falam a mesma língua que suas palavras.A linguagem corporal pode ser usada em muitos cenários da vida, desde a vida profissional e formal até a vida pessoal e informal.

Embora existam gestos que foram declarados como universais (possuem significado comum no mundo inteiro), a maior parte deles tem significados diferentes em diferentes culturas, regiões, nações ou até mesmo em cidades pelo mundo afora. Um gestopode ter um significado positivo em uma determinada parte do mundo, mas em outra pode representar algodesagradável ou ser considerado um insulto. Por isso, se você tem pretensão de visitar alguma região adepta a uma cultura diversa, antes de usar um gesto comum em sua própria cultura é bom descobrir a mensagem que ele reproduz. Caso contrário, você pode sair com o nariz quebrado quando tudo o que queria fazer era elogiar a aparência do outro.

Um bom exemplo de como aplicar ou usar a linguagem corporal está nos relacionamentos. Muitos homens acham difícil ser sincero sobre seus sentimentos em um relacionamento. No entanto, continuam levando as mulheres com meras palavras para demonstrar seu interesse. As mulheres podematé se sentirem atraídas por eles inicialmente, maspor algum motivo, eles não conseguem abrir o coração e revelar o que realmente sentem. Ao que pareceas mulheres normalmente precisam se sentir seguras dentro do relacionamento e obtém isso através das palavras, mas uma mulher inteligente não se prenderia só às palavras, mas as combinaria à linguagem corporal. Os gestos e ações estão alinhados ao que ele está dizendo? Muitas vezes esse não é o caso.

Se o homem não estiver sendo honesto, sua linguagem corporal vai denunciá-lo. Um detalhe sobre os homens é que eles sabem usar as palavras tão bem, mas a sua linguagem corporal normalmente é patética. De qualquer forma, não podemos esquecer que do macho alfa, aquele que domina o jogo da mentira e usa bem os gestos corporais para simulações perfeitas. Ainda assim, eles nunca conseguem esconder tudo, especialmente através dos movimentos e gestos. Se você quer tentar ler a linguagem corporal desse tipo de homem precisa ser paciente, muito perspicaz e observadora. Pode levar algum tempo para conseguir, mas depois de observar e estudar seus gestos cuidadosamente, você poderá identificar se são genuínos ou não. A razão pela qual a linguagem corporal funciona é o fato de que ela jamais mente.

A questão é "você sabe o que é a linguagem corporal e como reconhecê-la?", este e-book analisa a linguagem corporal detalhadamente, descreve algumas das suas formas mais comuns que foram estudadas e comprovadas e que apresentam significados específicos. É importante saber que um único gesto na maioria dos casos nunca significa o que parece transmitir. Então, como é possível descobrir ou ler a linguagem corporal de outra pessoa ou a sua própria? Todas as respostas a essas perguntas são apresentadas nesse simples e interessante e-book. Identificar, ler e entender a linguagem corporal é essencial para compreensão de mensagens através dos gestos corporais.

Outras leituras essenciais são: a importância da linguagem corporal no dia a dia, algumas linguagens corporais negativas a serem evitadas, a linguagem corporal positiva e como desenvolvê-la, segredos e dicas de como usar o corpo de forma eficaz para ter sucesso em encontros românticos e entrevistas de trabalho, o que a linguagem corporal do outro pode estar lhe dizendo, dez gestos fáceis e muito poderosos que podem ser aplicados à sua vida para explorar ao máximo os resultados efetivos.

Capítulo 1: Linguagem corporal, o que é isso?

A linguagem corporal é uma forma de comunicação não verbal que faz uso de expressões faciais, movimentos, gestos, posições, observando alteraçõesde humor, da postura, das tensões musculares, a transpiração, o ritmo respiratório, sinais com a cabeça, contração dos ombros, mudança da cor da pele, contato visual entre outros. A comunicação normalmente se utiliza tanto dalinguagem verbalcomo da não verbal. Contudo, estudos mostram que mais de 70% da comunicação éproduzida de forma não verbal.

Culturas diferentes fazem uso distinto dalinguagem corporal, portanto, o que um determinado gesto significa na Europa pode ser completamente diferente nos EUA ou em qualquer outro lugar. Gestos corporais, posturas e movimentos podem significar muito em uma conversa, por isso é muito importante saber o que a sua linguagem corporal está dizendo, principalmente ao ir a entrevistas de trabalho ou a um encontro romântico. Seja cauteloso, porque há pessoas muito perspicazesem interpretá-lae um único atofalho pode lhe custar o emprego ou até mesmo seu potencial parceiro.

Nos EUA, quando uma pessoa está conversando com outra e uma delas está sentada com as pernas cruzadas e os braços no peito, certamente uma mensagem está sendo passada, ainda que sem perceber. Ela estaria dizendo que não está interessada no assunto.

O contato visual também desempenha um papel importante na comunicação não verbal, olhar diretamente nos olhos demonstra discrição e honestidade, por outro lado quando não há contato visual pode significar insatisfação ou frustração. Dependendo da forma como os gestos são usados podem indicar ênfase ao diálogo ou mostrar o quão confiante alguém é de si mesmo. Quando usado moderadamente, pode indicar que o indivíduo tem certeza do que tem a dizer ou pode ser um sinal que está simplesmente ocupado. Gestos agressivos, no entanto, demonstram que você tem um ponto muito importante que precisa provar.

Na verdade, quase todas as partes do corpo podem ser usadas na comunicação não verbal. Bocejar, dar os ombros e virar a cabeça de determinadas formastambém transmitemdiversas mensagens. Por isso, é fundamental garantir que você esteja passando uma mensagem realmente intencional. Um bom exemplo é olhar para o relógio, seja de pulso ou de parede durante uma reunião, ou ao conversar com alguém, com essa atitude você está sinaliza tédio e vontade desair do ambiente.De qualquer forma, como citado acima, a maior parte dos gestos corporais não possuem significados universais e, portanto, diferem de uma cultura para outra e de uma região para outra. Consequentemente, nunca devemos pressupor que o significado de um gesto não verbal é compreendido da mesma forma por outras pessoas.

É possível encontrar comunidades de pessoas que possuemgestos e linguagem não verbal comum própria. Existem tambémdiversos recursos on-line, assim como livros que ajudam a compreender a linguagem corporal para saber exatamente que tipo de mensagem você está transmitindo aos demais. A parte boa é que podemos aprender alinguagem corporal de uma culturaespecífica, comunidade ou região, e como bônus melhorar a nossa autoconfiança.

Decifrando alinguagem corporal

A linguagem corporal faz a diferença entre a fala e o comportamento do indivíduo. Para ter uma comunicação e compreensão eficaz, é importante entender a linguagem corporal ou a comunicação não verbal aprendendo a identificar seus avisos e sinais. Movimentos sutis e não sutis do corpo sempre podem apontara direção do que de fato está havendo. O que acontece dentro da pessoa pode ser indicado externamente através do seu comportamento de forma intencional ou inconsciente. A maneira pela qual as pessoas se levantam, sentam, andam ou até mesmo falam podem dizer muito sobre elas, mesmo sem que percebam. As pessoas podem ser lidas e compreendidas facilmente se você aprender a dinâmica dos símbolos corporais delas. Isso não melhora sóacomunicação, mas também o ajudará a entender a seu própriomecanismo de gestos e sinais corporaise estar ciente do tipo de mensagem que tem transmitido.

A comunicação não verbal pode influenciar a maneira pela qual as pessoas se relacionam umas com as outras, porque, algumas vezes, a mensagem que sai da boca pode ser completamente diversa dorecado que a linguagem corporal está informando.

Primeira impressãoconfiante

É muito fácil identificar se um indivíduo é autoconfiante ese não está usando a linguagem corporalpara causar umaprimeira impressão. É importante saber que as pessoas querem se relacionar com aqueles que são confiantes e seguros de si,e de fato, a confiança pode ser muito persuasiva. Um orador ou alguém que quer fazer uma apresentação pública podecausar uma primeira impressão positiva ao entrar na sala com segurança, envolvendo as pessoascom simpatia e fazendo contatos sólidos com elas. Geralmente, boa postura, fala clara e lenta, contato visual firme, gestos calculados intencionais e propositais usando os braços e mãos, bem como um tom de voz baixo ou moderado é tudo que você precisa para gerar uma primeira impressão positiva. Além disso, mostre confiança ao se comunicar com grupos grandes. A primeira impressão é importante em diversas áreas da vida, não sóem discursosou entrevistas, mas também nos primeiros encontros. Na verdade, é bom causar boa impressão em qualquer cenário de contato ou conversa com pessoas novas. Se você não fizer isso, nunca saberáo poder e a eficácia de uma boa primeira impressão e como ela pode trabalhar a seu favor.

Atitude defensiva e reuniões desafiadoras

Para encerrar com sucesso uma reunião difícil (como uma avaliação do desempenho do funcionário), a comunicação é fundamental. A comunicação nesse tipo de cenário implica em ouvir o que cada uma das partes tem a dizer. No entanto, caso uma das partes esteja na defensiva,a recepção e abertura ficarão prejudicadas. Existem vários movimentos e sinais da linguagem corporal a serem observados que determinam se a pessoa a quem você está se dirigindo está se tornando defensiva. Ela está atenta ao que você está dizendo? Expressões faciais mínimas, pouco ou nenhum uso dos braços ou gestos com as mãos, olhos baixose pouco contato visual, braços cruzados e desvio do olhar durante a conversa são indicações claras de que a pessoa está ficando defensiva, consequentemente não ouvindo o que está sendo dito. Ao perceber esses sinais você deve ajudá-la se tornar mais receptiva e se sentir mais à vontade, modificando sua maneira de falar, seu tom de voz e até mesmo o assunto.

Da mesma forma, você também pode monitorar sua própria linguagem corporal para garantir que seja menos relutante e o que esteja alinhada ao discurso da outra parte. Essa seria uma forma de mostrar se o outro está atento e de fato ouviu tudo o que foi dito sem se fechar.

Vínculo com equipe de trabalho

Envolver-se é essencial para que as apresentações e trabalhos em grupo sejam bem-sucedidos. Para que o indivíduo faça uma apresentação que atraia a atenção das pessoas ao seu discurso, é necessário aprender a reconhecer sua linguagem corporal. Alguns sinais claros de desvinculo são: cabeça virada para baixo, olhos vidrados ou errantes, brincar ou mexer as mãos (com canetas ou panos, respectivamente), rabiscar ou escrever, sentar-se esparramado na cadeira, entre outros. Ao perceber esse desligamento, o orador deve tomar uma providênciapara trazer as pessoas de volta ao foco. Uma dica eficaz é que você pode fazer perguntas às pessoas que parecem desconectadas para que possam prestar mais atenção. Ao mesmo tempo, o falante deve monitorar sua própria linguagem corporal para garantir que a mensagem é o que ele realmente pretende transmitir.

Mentir

Uma observação atenta à linguagem corporal pode ajudar a determinar se o outro está mentindo. Avisos e sinais típicos a serem observados incluem aumento da frequência respiratória, alterações no tom da voz ou gagueira, movimento rápido dos olhos, falta de contato visual, manter os dedos ou mãos próximos à boca, o uso de gestos que não são usuais, afastamento físico, assim como alterações da cor do pescoço ou rosto (geralmente vermelho). É importante esclarecer também que alguns desses sinais podem ser decorrentes do nervosismo e não consequência de mentiras, por isso antes de tirar conclusões identifique a origem dessas expressões corporais.

As pessoas expressam gestos e sinais de comunicação não verbais de diferentes formas, por issoquestionar e esclarecer dúvidas é fundamental para uma compreensão abrangente, o que pode ser feito durante a comunicação, negociações ou entrevistas.

Reflexões, negociações e entrevistas

Em uma negociação ou participando de uma entrevista, é importante tirar um momento para pensar e refletir sobre a resposta antes de realmente respondê-la. Isso gera uma boa impressão à outra parte; demonstra que o indivíduo pensa antes de falar em vez de dizer as coisas indiscriminadamente. Há diversos sinais que indicam que o indivíduo está ponderando as respostas que deseja dar. Os exemplos mais comuns são: levar as mãos ao rosto, desviar o olhar por algum tempo e depois estabelecer contato visual quando se sentepronto para responder, acariciar o queixo com os dedos e inclinar a cabeça enquanto olha para cima.

Um povo, cores diferentes

As pessoas são diferentes e únicas por muitos motivos; elas têm culturas diferentes, razões diferentes, origens e experiências diferentes. Consequentemente, os avisos e sinais corporais transmitidos por um indivíduo não devem ser interpretados imediatamente como conclusão. Esses gestos podem indicar significados diferentes, por razões distintas; por isso é fundamental certificar-se de que a interpretação da linguagem corporal está correta antes de finalmente afirmar sua conclusão. Você pode fazer perguntas relevantes ou aprender um pouco mais sobre a pessoa em questão. Fazer a triagem e aprender sobre a linguagem corporal é uma habilidade que só pode ser aprendida através da observação contínua.

Para obter resultados efetivos, é necessário ter controle dos gestos e outras formas de comunicação não verbal, as quais também podem ser usadas para reforçar a projeção de mensagens quando usadas em conjunto.

Capítulo 2: Benefíciosda linguagem corporal

Existem diversas razões pelas quais a linguagem corporal é usada na comunicação, seja ela acompanhada ou não de palavras. Os gestos corporais podem dizer muito sobre uma pessoa mesmo sem que ela pronuncie uma única palavra. Se você observar com atenção, os olhos e os instintos corporais são capazes expressar ideias e informações. A linguagem corporal possui cinco benefícios gerais: substituição, repetição, complementação, contradição e acentuação da fala. Embora haja uma longa lista sobre a essência dos gestos corporais na vida das pessoas, os seguintes são os principais benefícios da comunicação não verbal na forma de linguagem corporal.

Torna a comunicação objetiva

O primeiro e mais importante benefício da linguagem corporal é a comunicação. Através da comunicação não verbal, é possível transmitir uma mensagem específica ou até mesmo expressar determinados sentimentos a outra parte. Embora seja possível premeditar conscientemente alguns gestos e posturas corporais para transmitir mensagens durante uma conversa, em muitas situações esses gestos são usados involuntariamente. Para que um processo de comunicação seja bem-sucedido, é necessário estar sempre atento aos sinaiscorporais.

Expressa emoções

Se existe algo que não é possível ser efetivamente comunicado através das palavras, são os nossos sentimentos.Só há uma forma de conduzir os pensamentos e emoções de forma eficaz, usando a linguagem corporal. Emoções e pensamentos podem ser claramente indicados através de movimentos e gestos do corpo, mesmo sem palavras. Expressões, posturas, gestos e outros tipos de linguagem corporal podem permitir que um indivíduo saiba o que o outro está sentindo naquele momento. Em suma, a comunicação nãoverbal ajuda a revelar sentimentos internos, ocultos e não expressos através de palavras. A ternura, a confiança e a cordialidade também podem ser expressas através da linguagem corporal.

Pode se dizer que a maior parte das coisas que as pessoas dizem é dissimuladaou não significam realmente o que estão dizendo. Por meio das palavras é difícil descobrir se uma pessoa é honesta e se seussentimentos são verdadeiros. No entanto, através da linguagem corporal é possível ler e determinar o que ele de fato está sentindo naquela situação. Avisos e sinais corporais nunca mentem,até porque alguns deles são involuntários. É possível também desvendar o humor de uma pessoa através de seus sinais corporais.

Além da capacidade de expressar sentimentos, através da comunicação não verbal é possível identificar ossentimentos (emoções) positivos e negativos. Emoções como raiva, frustração, tédio, felicidade, nervosismo, excitação, receptividade, dúvida, entre outros. Tudo o que precisamos é ler e interpretar o que esses gestos, posturas e expressõessignificam.

Fala mais que as palavras

Para evitar mal-entendidos que resultam da interpretação equivocada da linguagem corporal, é importante conhecer os tipos de mensagens que podem ser transmitidas através dela.Como os gestos em geral são indicadores mais clarosde emoções que as palavras,a comunicação não verbal acabou se tornandomuito mais popular. Isso porque a linguagem corporal tem mais impacto e mais força do que o simples uso das palavras. No entanto, já que na maioria das vezes a comunicação não verbal é involuntária, torna-se difícil enganar ou simular situações través desse canal.Apesar disso, uma comunicação não verbal de sucesso é aquela em que se tem controle absoluto dos movimentos corporais, garantindo que a mensagem seja adequada e intencional.

Ajuda a transmitir mensagens difíceis

Há determinadas mensagens tão duras e difíceis que nem sempre é possível transmiti-las usando palavras. Quando é necessário comunicar algo que pode não ser bem recebido pelo outro, em geral as pessoas usam linguagem corporal como apoio. Isso faz com que a mensagem não soe tão pesada aos ouvidos do receptor. Um bom exemplo é quando alguém não quer compromisso ao entrar em um novo relacionamento. Não é necessário dizer "não", a própria linguagem corporal já diz tudo.

É fácil de ser interpretada

Diferentemente das palavras muitas vezes podem ser ambíguas, avisos e sinais corporais podem ser facilmente interpretados e compreendidos no processo de comunicação.

Identifica traços de personalidade

É fácil reconhecer uma pessoa confiante através dos impulsos da linguagem corporal. Pessoas em geral são atraídas pela confiança.Consequentemente, é possível usar a comunicação nãoverbal para se tornar atraente na interação entre duas ou mais pessoas. Além disso, usando a linguagem corporal correta você também pode conquistar o respeito das outras pessoas, ganhar e demonstrar confiança. Outros traços de personalidade também podem ser identificados através da comunicação não verbal, como a superioridade.

Cria uma boa primeira impressão

Sem dúvidaalguma uma boa primeira impressão é muito importante em um primeiro encontro ou em uma entrevista de trabalho. Com a linguagem corporal adequada e demonstrando confiança, é fácil criar uma boa impressão e uma imagem positiva de você. A linguagem corporal permite também que você crie uma imagem própria, até mesmo para os seus inimigos, dando os a falsa realidade de alguém que sequer existe. Isso mostra claramente que é possível impedir que as pessoas conheçam nossas verdadeiras emoções e sentimentos. Dessa forma podemos usara linguagem corporal apenas em nosso benefício próprio. Um exemplo disso é que com a cabeça erguida, os ombros eretos e apertando as mãos de frente é suficiente para inspirar confiança, mesmo que você não a tenha.

Evita o efeito contrário

É possível mudar o aspecto negativo decorrente do seu humor assumindo uma linguagem corporal oposta. Alguns trejeitos e comportamentos produzem consequências associadas que são inevitáveis. Um bom exemplo disso é se sentir confiante depois de fazer gestos que demonstram segurança.

Melhora as vendas

A linguagem corporal pode ser usada também para impulsionar as vendas, usando-a para monitorar a comunicação não verbal de clientes em potencial. Ao notar uma reação negativa quando algo como o preço do produto é mencionado, o vendedor precisa mudar a direção da negociaçãoe enfatizar sobre recursos e benefícios do produto, além do seu valor agregado. Esse é um método poderosopara aumentar as vendas. É ganhando a confiança, a credibilidade e o respeito dos clientes que as vendas são feitas.

Cria oportunidades

Usando adequadamente e com propriedade a linguagem corporal é possível transmitir apenas a mensagem pretendida. O que ajuda a melhorar as habilidades de relacionamento, criando mais chances de sucesso e felicidade em seus relacionamentos. Pode-se inclusive, alcançar a riqueza apenas empregando a linguagem corporal conveniente.Riqueza financeira, no casamento, na autoestima, na vida sexual, na carreira e na parentalidade.

Ajuda a perceber outras evidências não verbais

Quando você é capaz de identificarcom facilidade sua própria linguagem corporal, significa que está em posição de ler também a dos outros.

Além dos benefícios elencados acima, a linguagem corporal desempenha outros papéis na vida das pessoas, ajudando-as a expressar suas intenções, a ter conexão com outras pessoas ou com pessoas novas, bem como a melhorar seus relacionamentos.

Capítulo 3: Reconhecendo a linguagem corporal (leitura, compreensão e interpretação)

Para aprender e reconhecer a linguagem corporal é necessário primeiro conhecer os diversos tipos de linguagem corporal. Ao identificar esses avisos e sinais você será capaz de lê-los e interpretá-los, com uma compreensão não apenas do que é falado, mas da intenção por trás das palavras, o que o outro pode estar tentando dizer ou esconder. É preciso estar bem atento e ser observador para ler e identificar a linguagem corporal do outro, assim como a sua. A linguagem corporal pode ser usada de forma premeditada ou não, com o objetivo de transmitir uma primeira impressão falsa e fazer as pessoas acreditem em algo que não é verdade.

Leitura corporal

Observe abaixo algumas evidências e sinais que podem ser notados na linguagem não verbal de uma pessoa através do seu corpo.

Olhos

Os olhos podem ser usados de diversas formas para transmitir mensagens.Eles são capazes de revelar muito sobre os pensamentos e emoções porque são fáceis de serem observados. É possível, por exemplo, identificar quando há contato visual direto com apenas um olhar, mesmo à distância; o que significa que não é necessário analisar detalhes específicos do indivíduo para ter essa percepção. Ainda que seja um olhar misterioso, um olhar vazio, um olhar distante ou até mesmo olhos lacrimejantes, eles sempre dizem tudo.

Veja aqui alguns sinais de como os olhos falam.

Pupilas dilatadas

A pupila essa parte escura do olho localizada no meio do globo ocular, se dilata (aumenta de tamanho) quando está em contato com a escuridão para permitir a entrada de mais luz, ao mesmo passo que reduz seu tamanho quando na presença de muita luz, para que só o suficiente de luminosidade possa entrar. Além dessa reação natural, os olhos (pupilas) em geral se dilatam quando avistam algo atrativo e arrebatador.

Olhos arregalados

Normalmente nossos olhos se arregalam quando estamos diante de algo atraente, convidativo ou do nosso interesse. Quando o indivíduo está interessado em algo ou em alguém, ou quando e o objeto de desejo parece estar acessível os olhos são acionados a ampliar. No entanto, diante de uma resposta que nos choca, os olhos se abrem e as sobrancelhas que se levantam. Além disso, não podemos nos esquecer das mulheres no mundo inteiro que aumentam os olhos para ficarem mais belas.

Piscar excessivamente

As pessoas piscam os olhos com mais frequência quando estão sob pressão ou excitação, Embora também possa ser um sinal de desonestidade, nunca se pode ter certeza. Piscadas irregulares e sem focosão indícios de tédio, no entanto, se as piscadas forem irregulares, mas com foco em algum ponto, pode ser um sinal de concentração.

Olhar para a direita

Quando uma pessoa olha para a direita durante a conversa, isso significa que ela está mentindo, inventando histórias, fantasiando coisas.Contudo, apesar de sinalizar uma farsa é uma reação muito normal quando estamos narrando um fato. Outro ponto a se observar é se esse olhar vem seguido de um olhar para baixo, nesse caso há uma sinalização de que algo não é verdadeiro ou há desonestidade.

Olhar para esquerda

Na maior parte dos casos quando uma pessoa olha para a esquerda, está buscando memórias ou tentando se lembrar de alguma coisa. O que geralmente é algo errado.

Esfregar os Olhos

As pessoas esfregam os olhos quando não acreditam no que estão vendo; estão cansadas ou em lágrimas. No entanto, piscadas longas e depois esfregar os olhos é uma indicação clara de que a pessoa está entediada ou cansada.

Contato visual

Em geral o contato visual direto em uma conversa é uma indicação de honestidade. Entretanto, existem pessoas que conhecem bem essa ferramenta, são bem treinadas e a usam também quando não estão sendo honestas; olham nos olhos e simulam suas verdadeiras intenções ou a verdade com palavras. O contato visual ininterrupto pode indicar atração, interesse ou atenção. Quando feito com sinceridade, faz com que as pessoas se sintam confortáveis e acolhidas, deixando-as à vontade e prontas para se abrirem.

Revirar os olhos ou encolher os Ombros

Revirar os olhos para cima ou encolher os ombros é uma demonstração de aborrecimento e frustração.

Braços

Podemos usar os braços para sinalizar diversas situações dentro de um contexto e alternar comportamentos de receptividade e abertura durante a comunicação. Quando acompanhados de outros símbolos e expressões corporais, podem contribuir para a leitura do humor do outro em um específico momento.

Braços cruzados

Pessoas que cruzam os braços durante as conversas indicam que estão na defensiva ou são protetoras e não querem se abrir. Isso pode resultar em sentimentos ameaçadores, tédio ou preocupação; pessoas frias também costumam cruzar os braços, embora seja uma atitude que decorre de sinais mistos e não tem um só significado em particular.

Mãos atrás do corpo

Esse é um gesto usado principalmente por soldados e policiais para demonstrar confiança ou autoridade.

Segurar a parte superior do braço

Esse é um comportamento que demonstra insegurança e é usado com o objetivo de reafirmação ou para autoafirmar-se.Assim como usar uma mão para segurar a outra, o que é mais comum entre as mulheres.

Braços ao lado

Deixar os braços ao lado é um indicador de segurança, confiança e abertura.
Os sinais articulados pelos braços na linguagem corporal são resultantes principalmente da tensão. Além dos sinais descritos acima, outros sinais defensivos

muito comuns enviados pelos braços são: cobrir a área genital com as mãos e braços, segurar a bolsa na frente do corpo, sentar-se segurando o copo com as duas mãos, ajustar o relógio de punho com frequência, cruzar o corpo com um dos braços para coçar os ombros, colocar papéis sobre o peito, entre outros.

Pés e pernas

É difícil emitir sinais propositais ou simula-los usando os pés e as pernas, por isso as mensagens e informações provenientes dessas duas partes do corpo normalmente sãoinvoluntárias e autênticas por natureza. Consequentemente, revelam sentimentos verdadeiros. O fato de mulheres e homens se sentarem de formas diferentes significa que suas posições podem sinalizar coisas ou sentimentos diferentes. Um exemplo disso é: os homens costumam se sentar com as pernas afastadas e o inverso se aplica as mulheres. Isso mostra claramente que, se uma mulher sentar-se com as pernas afastadas, sinaliza algo completamente diferente do homem. Além disso, sinais com os pés e pernas podem ser usadosem conjunto comos braços, no entanto, moveras pernas com muita frequência, pode demonstrardecepção, nervosismo ou estresse.

Direção das pernas

Naturalmente quando se sentam para conversar as pessoas posicionam as pernas em direção de seus interesses. Se há interesse em alguém ou em um assunto, o indivíduo geralmente direciona as pernas apontadas ao alvo. Se as pernas estiverem apontando para uma direção oposta, então estamos falando de falta de interesse. A mesma dinâmica se aplica as pernas cruzadas; o joelho da perna que sobrepõe a outra frequentemente aponta para a área de interesse.

Pernas cruzadas depé

Ao contráriodas pernas cruzadas ao se sentar, de pé é um sinal de submissão, insegurança ouenvolvimento profundo no que está acontecendo. Se também articulado com o cruzamento dos braços, essa pode ser uma sugestãoclara de insegurança. Por outro lado, quando as pernas estão cruzadas, mas os braços estão abertos, consideramos como envolvimento e comprometimento ao ouvir o que o outro tem a dizer.

Sentar sem cruzar as pernas

Isso indica que a pessoa é muito aberta e está sempre pronta e disposta, trata-se de uma atitude positiva.

Sentar com as pernas cruzadas

Esse tipo de pessoa é confiante ou está se sentindo ameaçada ou ainda incerta até certo ponto, não têm interesse no que está acontecendo ou está tentando ser cautelosa.

Brincar com sapatos

Brincar com os sapatos é uma indicação de flerte, relaxamento ou sentimentos sensuais; um comportamento mais comum entre as mulheres. Aquelas com intenções sexuais geralmente não só brincam com os sapatos, mas também os tiram e os colocam continuamente.

Pernas juntas

As mulheres sentam-se com as pernas juntas para mostrar que são comportadas e que tem educação. Se um homem se senta da mesma forma, isso pode significar que algo estranho está acontecendo, afinal essa não é uma posição comum.

Cruzar os tornozelos

Independentemente do sexo, cruzar os tornozelos é um sinal negativo de estar na defensiva.

Sentar com as pernas abertas

Essa posição normalmente usada pelo gênero masculino pode indicar agressividade (demonstrar-se maior como resultado da posição sentada), postura sensual ou mesmo arrogância. No entanto, com os braços bem abertos, é um sinal de autoconfiança.

Sentar com as pernas entrelaçadas

Essa posição pode indicar sensualidade (a parte de cima dos músculos geralmente exposta) ou insegurança, bastante comum em mulheres; em todo caso, isso dependerá do presente contexto. Para conseguir uma interpretação precisa, é importante analisar esta posição juntamente com os demais sinais corporais.

Em pé atento

Usada principalmente pelas forças armadas, significa respeito e subserviência quando perante uma autoridade, postura reta, ombros, costas e braços retos; pernas juntas e as mãos voltadas para o falante.

Posição da cabeça

A posição dacabeça pode ser usada para expressar diversas emoções e estado de espírito. Dependendo da como está posicionada a cabeça pode demonstrar muito autoritarismo, o que normalmente atrai a atenção de todos quase que instantaneamente. No entanto, movimentos com a cabeça como inclinar para um lado e outro durante uma conversa podem significar apenas informalidade entre amigos.

Postura

Em geral, as pessoas se sentem melhor com uma boa postura, pessoas inseguras ou tensas conseguem até se descontrair.É importante lembrar que a coluna precisa estar sempre reta diante de um grupo de pessoas, seja em uma apresentação ou apenas em uma conversa, isso demonstra certeza e confiança. Use a postura adequada em uma entrevista de trabalho e você demonstrará ao entrevistador que é digno da vaga e que está apto ao cargo.

Boca

A natureza expressiva e flexível da boca a torna uma parte do rosto excelente de sinalização corporal. Ao contrário do nariz e orelhas que precisam ser usadas em conjunto com outros membros do corpo, como mãos ou dedos, a boca trabalha de forma independente para enviar mensagem e expressões não verbais.

Sorrir

Um sorriso permanente é falso, dura mais que o verdadeiro, aparece rápido e não inclui a expressão dos olhos. O sorriso de lábios cerrados que esconde os dentes indica rejeição, sigilo ou até mesmo emoções reprimidas; este tipo de sorriso pode ser consequência de desconfiança ou antipatia. O sorriso de queixo caído com a mandíbula baixa cria um sorriso falso; em geral simetricamente perfeito. Um sorriso torto mostra sarcasmo ou emoções confusos.Sorrir com os olhos para cima e a cabeça inclinadademonstra timidez, provocação ou ironiapara com o outro.

Projetar o lábio inferior

Ao sobrepor o lábio inferior as pessoas demonstram que estão contrariadas ou aborrecidas.

Risos

As pessoas riem quando estão à vontade, relaxadas e felizes. Para algumas, rir significa envolver o corpo inteiro. Esse é um processo onde os hormônios bons do corpo conhecidos como endorfinas são liberadas, que por sua vez, reduzem o nível de estresse e os hormônios depressivos no corpo. O riso genuíno é uma indicação clara de relaxamento. No entanto, risos forçados e artificiais indicam conveniência ou nervosismo.

Morder os lábios, ranger os dentes e mascar chicletes

Estresse, tensão e repressão são sinalizados com mordidas nos lábios, goma de mascar e ranger de dentes. Há também aqueles aliviam a ansiedade fumando cigarros, mastigando lápis e canetas ou até mesmo chupando os polegares. Contrair o lábio demonstra aborrecimento ou reflexão, mas colocar a língua para fora é sinal de rejeição ou desaprovação. Contudo, as reações de espanto, proibição ou mistério em geral são notadas com as mãos sobre a boca.

Roer as Unhas

Repressão, medo ou frustração são sinalizados através do hábito de roer unhas.

Linguagem corporal universal

Existem várias expressões faciais da linguagem corporal universais, tanto negativas quanto positivas. Expressões de felicidade, repulsão, tristeza, surpresa, medo, raiva, desprezo, vergonha, diversão, alívio, culpa, contentamento, vergonha, excitação, satisfação, prazer sensorial, orgulho de alcançar uma vitória e muitos outros, normalmente são conhecidas mundialmente. Apesar disso, pesquisas têm mostrado que algumas dessas manifestações assim como o seu reconhecimento são herança genética da linhagem familiar.

Desvendando a linguagem corporal

É bastante comum nos depararmos com pessoas cujo discurso não está sincronizado a linguagem corporal. Bons comunicadores sabem a importância de ter suas palavras sempre alinhadas a suaexpressão não verbal, caso queiram ganhar a credibilidade das pessoas. A aparência externa e os sentimentos internos precisamser complementares. Apesar disso, notamos que,nem sempre a linguagem corporal significa o que parece, um mesmo sinal pode ser interpretado de forma diferente por outras culturas ou por pessoas de região diversa. Uma forma de entender a linguagem corporal das pessoas é estar mais sensível à nossa própria, afinal é fácil compreender de forma errada os gestos corporaisquando não se está atento.

Para evitar mal-entendidos, é importante julgar não apenas a linguagem corporal, mas também as palavras do locutor. Os sinais da comunicação não verbal devem acompanhar as palavras que estão sendo ditas, ao longo da interpretação. Contudo, a melhor forma de descobrir o humor de alguém ou como o outro está se sentindo é através da expressão facial, isso porque a maioria das emoções comofelicidade, raiva ou o sorriso, vem do rosto. Os músculos faciais podem relaxar, contrair, amolecer ao redor da boca ou provocar rugas nos olhos.por isso é importante observaratentamente todos os movimentos do corpo em conjunto para obter conclusões mais assertivas. Tenha cautela ao tentar ler a linguagem corporal do outro; um sorriso não é suficiente para revelar que alguém é feliz, se de fato for felicidade ele precisa estar associadoà expressão dos olhos, caso contrário pode ser uma tentativa de omissão.

Capítulo 4: Como evitar a linguagem corporal negativa

A linguagem corporal desempenha um grande papel na nossa comunicação e por isso, é importanteter segurança de que estamos transmitindo a mensagem certa. Em primeiro lugar, há gestos que devem ser evitados sempre, com amigos, clientes ou em uma entrevista de trabalho, para não transmitir a mensagem errada que não é pretendida. Isso exige muita atenção, observando emonitorando cada movimento intencional.

Tom de voz

As pessoas prestam mais atenção na forma com que você fala do que realmente na sua mensagem; por esse motivo o tom de voz é tão relevante para elas. Um tom de voz impaciente, irritado ou até mesmo condescendente não faz mais do que induzir o público a essas mesmas emoções. Por exemplo, um vendedor ou um representante consegue acalmar um cliente irritado dando-lhe atenção e demonstrando segurançaem seu discurso.Usando o tom de voz e os gestos adequados você pode expressarconfiança.

Levantar a voz é um sinal de aborrecimento. Você pode treinar seu tom de voz usando um gravador, gravando sua voz e depois a reproduzindopara ouvir como ela ressoadentro das expressões. O processo de modificações pode ser feito da mesma forma, com repetições até alcançar um tom que termine as frases em notas baixas em vez de altas. Esta é uma excelente maneira de praticar com competência e confiança. Um tom de voz que repercute carinho, calma, delicadeza e estabilidade, pode relaxar o humor e as emoções de uma pessoa sem perturbá-la.

Postura corporal negativa

Uma postura corporal negativa pode transmitir a imagem errada às pessoas ou até irritar ainda mais um cliente que já está chateado, ainda mais quando não se respeita o espaço pessoal/territorial do outro, afinal as pessoas precisam de espaço para respirar. Nunca fique muitopróximo do público ou do cliente, isso gera desconforto, especialmente se a outra parte não estiver de bom humor. Manter a distância adequada é o caminho certo para ter um bom convívio social. Por outro lado para demonstrar sua concentração enquanto ouve, a sua postura deve estar sempre reta e voltada para o alvo, independente de quem seja.Um porte desleixado e abatido só vai mostrar desinteresseno assunto ou no que a outra parte está dizendo.

Nunca use palavrões ou insultos

Definitivamente não é de bom tom usar palavrões ou insultar outras pessoas. Tranquilize o outro usando um tom de voz regular, normalmente isso é suficiente para persuadi-lo, principalmente no meio profissional, como por exemplo, em atendimento a um cliente. A linguagem corporal também pode revelar o que a pessoa quer dizer enão está dizendo. Caso você seja o insultado, é importante manter a calma e ter paciência. Ao explodir você estará demonstrando fraqueza, mas ser for calmo e reagir com equilíbrio e paciência só mostraráo quanto você é forte.

Expressão facial

Há muito queler e interpretar a partir das expressões faciais do indivíduo. Por isso, é tão importante estar ciente dessas manifestações ao se comunicar com outra pessoa. Quando as pessoas estão infelizes ou tensas, elas exibem expressões faciais que podem ser muito irritantes facilmente, como sorrir de maneira inadequada, fazer careta, revirar os olhos, entre outros indícios negativos do rosto.

Ao preparar-se para encontrar um cliente ou para fazer uma apresentação, é importante trabalhar a expressão facial antecipadamente. Amigos, supervisores ou colegas podem ajudá-lo a praticar. Para demonstrar cuidado, atenção, sinceridade, apreciação, serenidade e reconhecimento em qualquer assunto, a expressão facial deve refletir traços coerentes a essas emoções. Por exemplo, se o cliente teve uma experiência desastrosa e ligou ou foi até a empresa para reclamar, ele precisa enxergar amparo e validação da observação que fez, seja ela positiva ou negativa. De fato, é sensato expressar sentimentos semelhantes aos do cliente, caso ele esteja chateado; chore junto com ele, mas não sorria quando ele estiver expressando sua decepção. Isso evidencia a importância que você dá ao que aconteceu e mostra que o assunto está sendo tratado com seriedade.

Não fique na defensiva

Quando as pessoas cruzam os braços, elas indicam que estão na defensiva. Isso indica que estão bloqueadas a ouvir e não estão dispostas a dar atenção ao assunto. Cruzar os braços é algo que deve ser evitado sempre. Demonstre que você está sempre aberto a uma conversa iminente ou um tópico em andamento. Isso também faz com que todas as pessoas se sintam mais à vontade.

Contato físico

Tocar ou fazer contato físico com alguém geralmente não é apropriado, principalmente se o outro estiver não estiver receptivo. Isso pode provocá-lo ainda mais ou até instigá-lo à violência. Portanto, evite tocar as pessoas ao conversar; dê espaço pessoal aos outros.

Evite beliscar, mastigar ou comer

Beliscar, mastigar ou comer enquanto fala é muito indelicado. Além disso, são comportamentos geralmente muito irritantes, as quais devem ser evitadas ao se comunicar.

Evite suspirar

Embora suspirar não seja um problema, ainda assim deve ser evitado em um diálogo, pois pode enviar uma mensagem errada. Pode demonstrar tédio, insatisfação, impaciência ou até raiva. Torna as pessoas aborrecidas e até piora o clima e as sensações caso já exista uma predisposição para irritação. Suspiros constantes durante as conversas geralmente geram uma imagem ruim.

Outros sinais negativos da linguagem corporal que devem ser evitados são: encarar as pessoas nos olhos, bocejar, esconder a palma da mão ou as mãos, remexer-se com frequência, cruzar pernas ou braços, esfregar o nariz, afastar-se de alguém que você se importa, verificar a hora repetidas vezes, fingir um sorriso, não olhar nos olhos do entrevistador, não conduzir a visita até a porta, entre outros.

Capítulo 5: A linguagem corporal positiva ecomo desenvolvê-la

Linguagem corporal positiva

Pensamentos normalmente são reflexos das ações e movimentos corporais. Além dos pensamentos, as percepções e emoções podem ser alteradas pela forma que uma pessoa age (ação) e também move seu corpo. Os resultados de uma conversa dependem integralmente da forma como ela é realizada e de todos os movimentos corporais empreendidos durante o processo. A manutenção dos relacionamentos profissionais, sociais e pessoais é diretamente afetada pela comunicação. Por isso, para que uma comunicação seja eficaz, é importante que as pessoas se sintam à vontade e confortáveis. Transmitir mensagens através da comunicação não verbal pode ser bastante produtivo com o uso de linguagem positiva. Além da mensagem, da percepção e de como a pessoa se considera em relação ao outro que deseja conversar, a segurança e estar confortável em sua própria pele no meio dessas pessoas a qualquer momento também contam muito durante a comunicação.

Ter boa postura (coluna reta, ombros relaxados e sentar se ereto), saudar com apertos de mão firme, manter distância pessoal, demonstrar confiança através da postura e dos movimentos do corpo, sorrir com autenticidade, acenar com a cabeça, ser atencioso, fazer contato visual direto (sem encarar) e ter gestos pertinentes, confortáveis e fáceis em geral são os tipos de atitudes positivas da linguagem corporal que podem ser usados durante a comunicação, os quais se usados de forma apropriada são capazes de criar uma boa primeira impressão. O conjunto da linguagem corporal positiva é usado para remeter boas intenções, interesse, entusiasmo e outras reações positivas de comunicação não verbal.

Como desenvolver umalinguagem corporal positiva

Seja altamente Observador

A observação é a principal forma de desenvolver habilidades da linguagem corporal. Para estudar uma pessoa e entender seus pensamentos e emoções ocultas, é preciso desenvolver habilidades de observação perspicaz. É necessário estar sensível o bastante para perceber o que está acontecendo dentro do seu ambiente. A linguagem corporal positiva pode ser tudo o que um vendedor precisa para fechar uma venda. É por ser atento e observador que é possível reconhecer inconsistências no comportamento ou na linguagem corporal do outro. É importante que a linguagem corporal combine com o que está sendo dito; se esse não for o caso, alguém pode estar omitindo a verdade.

Um indivíduo pode observar sua própria linguagem corporal através do espelho até que esteja completamente ciente de seus próprios gestos. Para aprender a linguagem corporal dos outros, pode-se observar os amigos, vizinhos, colegas ou até as celebridades como músicos e atores.

Ensaie com uma câmera

Coordenar a comunicação verbal e não verbal e se livrar de movimentos do corpo que demonstram fraqueza são elementos essenciais a serem aprendidos para desenvolver uma linguagem corporal positiva. Aprender só com a linguagem corporal de outros nunca é suficiente, é importante conhecer e estar sensível aos próprios gestos. Muitas empresas gravam vídeos para desenvolver e aperfeiçoar a linguagem corporal e habilidades da sua equipe de vendas. Há também diversos vídeos disponíveis na internet que ensinam sobre o assunto, esses tutoriais em vídeo ajudam a desenvolver linguagem corporal positiva de forma muito prática e rápida, porque você só precisa observar e seguir as instruções.

Você pode também desenvolver a linguagem corporal assistindo TV sem áudio, analisando os movimentos dos apresentadores e indivíduos e tentar descobrir o que eles estão tentando dizer. Você vai se surpreender com a quantidade de informação não verbaltransmitida.

Use livros e vídeos em seu treinamento

Há muito conteúdo focado em linguagem corporal disponível não só na internet mas em artigos, livros, vídeos nas bibliotecas e livrarias. Esses conteúdos podem lhe ajudar a treinar e praticar sua linguagem corporal, além de ensiná-lo a identificar os gestos das outras pessoas. Além disso, atualmente existem especialistas da área que podem te ajudar a melhorar seus movimentos para transmitir mensagens positivas e gerar uma primeira boa impressão através da linguagem corporal.

A melhor forma de aprender é praticando

Não basta desenvolver habilidades de observação, fazer treinamentos e assistir vídeos para desenvolver uma boa linguagem corporal. Você não usa a linguagem corporal apenas em reuniões, mas também quando fala ao telefone. Por isso é importante praticar até que as suas habilidades e gestos sejam impecáveis. Afinal, o que quer você faça na vida, só com a prática você alcançará a perfeição.

Visualize-se

É possível desenvolver uma linguagem corporal positiva também através da visualização. Você precisa visualizar-se transmitindo a mensagem com uma imagem se sentindo relaxado, aberto e seguro. A ideia é que o indivíduo se imagine em movimento, conversando e usando gestos positivos ao se comunicar. Para visualizar, tudo que você precisa fazer é fechar os olhos e imaginar-se em pé com confiança, sentindo-se tranquilo durante o processo de comunicação com o público.

Como desenvolver uma linguagem corporal positiva

É possível melhorar a linguagem corporal para alcançar maiores resultados. No entanto, para desenvolver sua linguagem corporal, é necessário primeiro conhecer a sua linguagem não verbal. Aprimorar a linguagem corporal é como criar um hábito, o que não é possível ser feito em um ou dois dias. É preciso ter paciência, trabalhar duro e praticar muito para conseguir aperfeiçoar os gestos. É aconselhável dar um passo de cada vez e praticar usando apenas uma ou duas dicas por vez, e só passar para a próxima etapa quando estiver treinado.

Seja positivo

Para potencializar a linguagem corporal é importante ter um comportamento aberto, positivo e tranquilo. Afinal, sentimentos e atitudes podem ser revelados facilmente através da linguagem corporal.

Experimente a técnica do espelhamento

Espelhamento é copiar a linguagem corporal do outro, isso acontece quando duas pessoas estabelecem uma conexão profunda entre elas. O espelhamento mostra que duas ou mais pessoas estão em sintonia, o que normalmente é involuntário. Embora isso nunca aconteça imediatamente e não seja fácil copiar todos os movimentos, é uma excelente maneira de melhorar a nossa linguagem corporal.

Respeite o espaço pessoal do outro

Todo mundo precisa de algum espaço pessoal. Invadir esse espaço não colabora e ainda enfraquece a sua linguagem corporal, além de deixar as pessoas muito desconfortáveis. Para melhorar seu discurso e imagem, é preciso manter a distância adequada ao se comunicar.

Mantenha a postura ereta

Seja de pé ou sentado, as costas e os ombros devem estar sempre alinhadas à coluna. A espinha corre ao longo das costas até a parte de trás da cabeça. Essa postura melhora a linguagem corporal porque demonstra que a pessoa não está apenas atenta e ouvindo, mastambém muito segura de si. Os ombros devem estar sempre soltos e relaxados para evitar tensão muscular.

Segure os objetos longe do peito/coração

Ao segurar objetos sobre o peito você sinaliza nervosismo, que está tentando se proteger e mantendo alguma distância. Então, a próxima vez que você segurar uma xícara de café, mantenha-a ao lado ou abaixo na direção das pernas.

Use as mãos para demonstrar confiança

Em vez ter as mãos inquietas, é melhor usá-las para demonstrar segurança através da linguagem corporal. As mãos podem ser usadas para ilustrar ou enfatizar mensagens, elas também podem ser usadas para descrever mensagens pouco claras. Uma das formas de aprimorar a linguagem corporal é aprendendo a controlar os movimentos das mãos, os quais quando exagerados podem causar confusão e distração. Gestos como bater os dedos ou balançar as pernas significam um duplo "não". Além de desacelerar os movimentos, é fundamental diminuí-los para ter mais foco e melhorar a linguagem corporal em um ambiente descontraído, expressando com isso confiança e equilíbrio.

Sorria quando apropriado

Assim como as emoções ou sentimentos, o riso ou o sorriso sempre podem ajudar a elevar humor e o estado de espírito. Ele tem capacidade de manter a positividade. Por isso é essencial sorrir ou rir espontaneamente sempre que possível. Isso certamente contribuirá para aperfeiçoar suas habilidades da linguagem corporal.

Acene para demonstrar atenção

Ao conversar com alguém é sempre bom inclinar-se parafrente e acenar moderadamente a cabeça indicando que está atento e interessado no que está ouvindo.

Esforce-se para fazer contato visual

O contato ocular direto geralmente é sinônimo de boa fé. O que contribui para que você perceba se o outro está ouvindo e ajuda a identificar se existe conexão entre o palestrante e o público. A falta de contato visual pode transmitir insegurança, mas ao encarar as pessoas vocêpode assustá-las. Em geral, o contato visual pode ajudar a melhorar sua linguagem corporal, identificando como as pessoas estão respondendo e reagindo aos seus gestos e mensagens.

Evite cruzar pernas e braços

Não há como uma pessoa aprender ou descobrir qualquer coisa com as pernas e braços cruzados. É como transmitir uma mensagem a alguém de ouvidos tampados ou um público bloqueado a ouvir. Por outro lado, sentado ou em pé com as pernas e braços retos, significa dar espaço ao progresso, afinal há sempre muito que aprender.

Lembre-se de que, além de estar atento (observando as inconsistências da linguagem, comportamento e gestos), é fundamental confiar em nossos instintos e coragem, bem como analisar os gestos não verbais em contexto geral, para interpretar efetivamente a linguagem corporal com resultados assertivos.

Mantenha o equilíbrio

O estresse pode prejudicar muito as habilidades de comunicação. Em estado de estresse enviamos sinais que podem afastar e confundir as pessoas; a linguagem corporal pode ser mal compreendida e interpretada de maneira equivocada, além disso, em alguns casos nos comportamos de forma muito nociva. Como as emoções são essencialmente contagiantes, isso pode piorar ainda mais o ambiente. Se o locutor passa uma imagem de aborrecido ou triste, quem o ouve tende a sentir o mesmo. Faça uma pausa se o nível de estresse estiver muito alto, respire fundo e acalme-se antes de retomar ou iniciar uma conversa. Só é possível ter serenidade e enfrentar os desafios depois de alcançar estabilidade emocional. Existem diversas formas de diminuir o estresse, desde técnicas, exercícios e relaxamento até meditação e yoga.

E quando a situação estressante termina por completo, é muito mais fácil desenvolver uma linguagem corporal consciente.

Tenha consciência das suas emoções

Como mencionado anteriormente, é impossível aperfeiçoar algo que não se conhece. É preciso conhecer profundamente sua linguagem corporal, bem como suas emoções. Conhecendo suas próprias emoções e como elas são afetadas, você se assegura de que as suas mensagens não verbais sejam transmitidas corretamente. Identificar as emoções do outro e os sentimentos genuínos ocultos por trás de sua linguagem corporal também é importante. Ter consciência das emoções (suas e do outro) permite que você: leia corretamente a linguagem corporal, perceba sentimentos ocultos e gestos não verbais; responda de forma atenciosa, interessada e compreensiva; sincronize as palavras e os gestos para desenvolver a confiança mútua nas conexões e relacionamentos, e por fim permite que você determine se as demandas dos relacionamentos estão sendo atendidas. Isso também o ajudará a tomar uma decisão se o relacionamento deve seguir em frente e se merece uma segunda chance.

Capítulo 6: O que sua linguagem corporal diz

Não é só a boca que fala durante as conversas, mas o corpo inteiro. Os movimentos corporais dizem muito sobre os pensamentos de alguém. A linguagem corporal pode dar mais ênfase à fala repetida, pode contradizê-la completamente, substituí-la, complementá-la ou até mesmo acentuá-la. Não há maneira melhor e mais rápida de transmitir uma mensagem eficaz do que usando a linguagem corporal positiva. Se você está tentando impressionar uma garota e ganhar seu coração, sendo entrevistado, falando com o chefe, convencendo o potencial cliente a assinar o contrato ou atendendo um cliente furioso, tudo que você precisa para ter sucesso é de uma linguagem corporal positiva. É uma competência que torna as pessoas mais interessantes por desenvolver sua personalidade. E a única coisa a fazer é praticar as habilidades descritas no capítulo anterior.

Ter consciência da própria linguagem corporal é essencial para que você possa aproveitá-la ao máximo. A questão é: "O que sua linguagem corporal diz sobre você?" "Você tem consciência disso?" Cada movimento ou gesto carrega uma história por trás. E aqui apresentamos algumas mensagens que a sua linguagem corporal pode estar transmitindo quando você conversa com alguém. É essa a mensagem que você pretende passar?

Quebrando contato visual

Se você está conversando com alguém e de repente parar de olhar nos olhos da pessoa, pode significar que você se sentiu insultado de alguma forma.

Olhando para cima

Ao olhar para cima durante a conversa, eu poderia afirmar que você está refletindo.

Olhando para cima e em seguida para direita

Quando você tenta se lembrar de algo durante uma conversa, normalmente é expresso dessa forma.

Evite encarar as pessoas

Olhar nos olhos não é a mesma coisa que encarar alguém. São duas formas que transmitem mensagens diferentes. Ao encarar você transparece agressividade e autoritarismo. Por outro lado, olhando diretamente nos olhos você demonstra confiança e segurança em si mesmo.

Olhando rápido para o lado

Ao ouvir comentários desagradáveis que causam incômodo, as pessoas tendem a olhar subitamente para o lado. Esta é uma indicação que diz claramente de aborrecimento por conta do comentário.

Arregalando os olhos

Quando você vê alguém ou algo que despertam seu interesse, você arregala os olhos.

Piscandocontinuamente

Piscar os olhos continuamente pode significar uma tentativa de analisar o outro, sinal de nervosismo ou empolgação.

Evitando contato visual

Quando você evita olhar nos olhos de alguém, demonstra que está apreensivo, que sua autoestima é baixa ouvocê é inseguro.

Olhando torto com as sobrancelhas baixas

Ao tentar compreender alguma coisa, normalmente contraímos os olhos, com isso baixamos as sobrancelhas.

Inclinando a cabeça e os olhos para baixo

Ao passar por uma experiência de culpa, vergonha, medo ou submissão, nossa tendência imediata é abaixar a cabeça e os olhos.

Balançando as pernas cruzadas

Quando as pessoas perdem a paciência ou se sentem entediadas, elas balançam as pernas cruzadas enquanto estão sentadas.

Sentando-se com o tornozelo no joelho

Ao se sentar com o tornozelo apoiado no joelho da outra perna e ambos voltados em direção a pessoa, você revela segurança e poder.

Cruzando as pernas em direção ao outro

Quando duas pessoas estão sentadas conversando em uma mesma sala e uma delas direciona as pernas cruzadas para a outro, é sinal de interesse. E quando o oposto acontece, sinaliza a falta de interesse. Ter as pernas cruzadas também pode ser um sinal de conforto ou relaxamento; mas se estiver tensa a atitude é defensiva.

Sentando-secom as pernas separadas

Quando as pessoas se sentam com as pernas separadas, mostram que estão relaxadas, seguras e muito confiantes. Se as pernas estiverem bem afastadas, representa domínio e poder. Outro gesto de autoridade é quando o indivíduo se recosta no assento, com os quadris voltados para frente.

Com as mãos na cintura

Essa posição de colocar as duas mãos na cintura indica que a pessoa está pronta, ansiosa e muito agressiva.

Dedos estendidos e palmas fechadas

Estender os dedos com as mãos juntas em direção ao outro, significa que as ideias, dicas, conselhos ou soluções estão surgindo.

Com os dedos entrelaçados

Se uma pessoa apertar os dedos um contra o outro ou entrelaçá-los, é um sinal de que está avaliando ou refletindo profundamente.

Com a palma da mão para cima

Se um indivíduo tem uma das palmas das mãos voltada para outra pessoa, está tentando emitir um sinal de pare, em posição de defesa.

Com as mãos para fora

Mãos para cima e para fora são gestos que indicam que as pessoas estão abertas e muito positivas.

Tocando a frente do pescoço

Ao tocar a parte frontal do pescoço em uma conversa você demonstra que está interessado e preocupado com o outro.

Apontando o dedo para o outro

Apontar o dedo para outra pessoa é uma indicação definitiva de assertividade ou de agressividade.

Com as mãos na nuca

Ao colocar as mãos na nuca as pessoas querem dizer que estão interessadas, abertas e ouvindo atentamente a discussão em andamento.

Braços dobrados

Ao dobrar os braços numa conversar, pode ser um sinal de que a pessoa é protetora ou demonstrando sua insatisfação.

Com os braços abertos

Em geral é um gesto de pessoas acessíveis, que se sentem confortáveis e têm força de vontade para continuar se comunicando com o público.

Com ombros alinhados

Se uma pessoa alinha seus ombros para trás, isso demonstra que tem muita coragem, segurança e poder.

Passando a mão no queixo e apoiando na bochecha

Apoiar uma das mãos no queixo normalmente é um sinal de reflexão profunda. No entanto, em um processo de tomada de decisão nota-se o gesto de passar a mão no queixo.

Levantando o queixo

Se uma pessoa levanta o queixo durante uma conversa é sinal que está se sentindo desafiada.

Esfregando o nariz

Em caso de rejeição ou dúvida, as pessoas geralmente esfregam ou tocam o nariz.

Acenando demais com a cabeça

Quando as pessoas perdem o interesse em uma conversa ou discussão, tendem a acenar repetidamente com a cabeça para não parecer rude e mostrar que ainda estão atentos ao que está acontecendo.

Aceno de concordância com a cabeça

Acenar com a cabeça em concordância durante as conversas mostra que as pessoas não são apenas atenciosas, mas que também estão interessadas no assunto.

Beliscando o nariz e fechando os olhos

Beliscar o nariz ou fechar os olhos durante uma conversa indica que umaavaliação negativa está sendo feita.

Inclinando acabeça

Você já se simpatizou com alguém? E você inclinou a cabeça? Inclinar excessivamente a cabeça demonstra estima para com o outro. No entanto, se a inclinação não for exagerada, o interesse pode ser na pessoa ou em algo específico que venha dela.

Sorrindo só com os lábios

Um sorriso falso envolve nada mais que os lábios. No entanto, um sorriso genuíno não é apenas uma boca esticada, mas envolve claramente no rosto inteiro (incluindo as bochechas e os olhos).

Puxando e tocando as orelhas

Ao puxar a orelha a pessoa sinaliza que não quer toma uma decisão ou acha difícil fazê-la. Em determinadas culturas, é um gesto para perguntar se o outro está realmente ouvindo o conselho ou o que está sendo dito.

Abaixando a cabeça e olhando para baixo

Entre as pessoas é comum encontrar aqueles que baixam a cabeça quando são chamados à frente ou elogiados. Isso pode ser indício de constrangimento (timidez) ou falta de confiança.

Estas são só algumas mensagens que a sua linguagem corporal pode estar emitindo às pessoas. No entanto, é importante observar que esses sinais podem ter significados diferentes, por isso a melhor dica para identificar gestos é estar atento. Além disso, para uma interpretação adequada, os gestos devem estar relacionados ao momento ou ao assunto. Usar o conjunto de gestos para uma análise, certamente geram resultados mais precisos do que focar em apenas ume fazer uma conclusão precipitada. De qualquer forma, agora que você tem consciência da sua linguagem corporal, certifique-se de que ela seja usada sempre adequadamente. Não apenas com outras pessoas, mas também quando estiver sozinho em casa. A prática gera a perfeição e o uso adequado dos gestos no cotidiano só funcionam quando se tornam hábito e, portanto, parte de sua vida.

Capítulo 7: Segredos da linguagem corporal para uma entrevista, encontro e outros

Um dos muitos fatores determinantes do sucesso em uma entrevista para que você consiga o emprego dos seus sonhos, que transforma um encontro romântico em um relacionamento, que faz você perderseus medos e ainda desenvolve bons atributos da oratória é a linguagem corporal positiva. Diversos especialistas e críticosda área dizem que o poder e o efeito da linguagem corporal superam em muito as palavras. Embora muitos não percebam esse efeito em suas vidas, essa pode ser a razão pela qual ele é menosprezado; não por ser incompetente ou não bom o suficiente, mas pela forma como retrata a baixa autoestima através de sua linguagem corporal. As sugestões de linguagem positiva devem ser usadas de acordo com resultados efetivos, mas nunca,sob nenhuma circunstancia em excesso. Usando excessivamente você atingirá apenas resultados médios, o que não é suficiente para ninguém.

Quando isso ocorre, indica que você está em sua zona de segurança; as coisas não estão extremas, nem péssimas nem excelentes. Embora se sentir seguro seja desejável, não permite que você explore o melhor do seu potencial para alcançar seu desempenho máximo. Esses grandes segredos permitirão que você se destaque na multidão e alcance com sucesso seus resultados esperados, metas ou até mesmo aspirações.

Noprimeiro encontro

O que realmente conta no primeiro encontro é a habilidade de identificar nossos os sinais, tanto os nossos como os do outro (terconsciência dos gestos) e partir disso não se deixar distrair para conseguir fazer adaptações caso preciso. A melhor forma de obter sucesso no primeiro encontro é para aquele que conhece sua própria linguagem corporal, tem controle dos seus movimentos, demonstra confiança e está atento ao comportamento do parceiro em potencial. De qualquer forma, estar alerta ao comportamento do outro é ainda mais importante. Num encontro, quando o outro parece nervoso ou mesmo ansioso, é melhor perguntar o que está acontecendo; e com a resposta, conseguir reagir e apoia-lo. Por exemplo, se disser que a mãe foi hospitalizada, é preciso reagir de acordo com a situação e dar o apoio de que ele precisa.

À medida que a conversa entre duas pessoas avança, a ansiedade e nervosismo expostos acabam desaparecendo, afinal é normal se sentir assim no primeiro encontro. No entanto, se a ansiedade persistir, isso pode ser um indício de algum problema bem maior do que parece. Alguns sinais não verbais de ansiedade fáceis de serem percebidos são: falar rápido, a quebra de contato visual e mexer-se constantemente. Como mencionado acima, esses sentimentos e gestos negativos devem sumir com o passar do tempo. Reagindo aos medos e embaraços do encontro, você será capaz de se sentir tranquilo e à vontade com a presença do outro.

Qualquer tipo de movimento durante o primeiro encontro pode ser um bom sinal de que as coisas estão indo bem. Não importa se esses movimentos venham do corpo inteiro, das mãos, uma expressão facial ou de gestos. Por isso aos que planejam o primeiro encontro é aconselhável escolher lugares que facilitem ou permitam esses movimentos. Não é ideal apenas jantar em um hotel cinco estrelas no primeiro encontro, considere fazer um passeio ao ar livre, parar em um bar para tomar algo ou comer alguma coisa; ou quem sabe jogar tênis ou boliche para encerrar o dia.

Em uma entrevista importante

O que determina se a pessoa terá sucesso de fato em uma entrevista é a sua linguagem corporal e seus pensamentos imediatamente antes da entrevista, na sala de espera por exemplo. É importante ser positivo durante o processo; os pensamentos devem ser positivos e os gestos precisam demonstrar segurança e boa autoestima. Os pensamentos negativos não podem reduzir suas chances de conseguir o seu emprego. Ter sucesso na entrevista não é suficiente para ser considerado o melhor candidato para a vaga, mas criando uma conexão com o entrevistador e convencendo-o do seu valor. É como fazer o marketing ou vender-se, provando o seu valor em relação à vaga. Por isso, antes de qualquer coisa é necessário trabalhar a criação de uma boa conexão e relacionamento.

Faça contato visual de forma natural. O contato não deve ser durante toda a entrevista, pois isso pareceria falso. Segurança e boa postura também desempenham um papel importantíssimo para o sucesso em uma entrevista. O entrevistado deve se esforçar para mostrar quem é, no entanto, nunca deve demonstrar que está sempre disponível, a menos que seja solicitado. São as pessoas difíceis de serem encontradas que mais atraem os empregadores; isso explica por que uma pessoa sem emprego tem menos chance de conseguir trabalho do que aquela que só quer mudar de emprego. A empresa que precisa de alguém para preencher uma vaga disponível fará qualquer coisa para conseguir o candidato certo para a vaga. No entanto, isso não é o caso do entrevistado. Por isso jamais dê sinais de desespero.

A hesitação nunca é um indício de segurança. Pessoas confiantes não têm problemas para tomar decisões; eles sabem o que querem. Quando perguntadas, elas até fazem uma pausa antes de responder, mas nunca hesitam. Elas conseguem o que querem, seja entrando na sala de entrevista ou apertando a mão da bancada de entrevistadores, fazem com segurança.

Solteiro em busca de companhia

É preciso valor para um homem ou uma mulher solteira obterem algo que desejam. O que é fato seja ao irem a umaboate numa sexta-feira à noite com os amigos ou sozinho. O reflexo da orientação permite que as pessoas queiram se associar com outras pessoas, agregando valor ao relacionamento ou conexão. Entretanto, só faça mediação em conversas quando tiver algo valioso a contribuir. E para alcançar ótimos resultados, é preciso sempre correr riscos. Por exemplo, em uma boate ou em um restaurante quando o indivíduo vê uma mulher lhe agrada, ele deve se arriscar e se aproximar dela. Mas precisa ser inteligente, ouvi-la primeiro para saber sobre o que conversar. Quando uma mulher se sente estimulada e crê que algo que agrega pode vir da conversa, geralmente elas interagem e fazem sua contribuição. Depois disso, o homem pode se apresentar para as mulheres que quiser.

No entanto, se você está solteira e em busca de alguém não pode simplesmente ficar sentada assistindo TV o dia todo, esperando que o príncipe encantado caia do céu ou seja trazido até você em uma bandeja. Você precisa agir e sair da sua zona de conforto, se quiser de fato ter um relacionamento. Não há problema algum em tentar descobrir o que é melhor para você e depois descartar o que não dá certo. O pior que pode acontecer são as coisas não funcionarem com um parceiro em potencial, e o melhor, é claro, é conhecer o homem ou a mulher dos seus sonhos.

Falando em público ou apresentando-se

Falar em público não se trata apenas do apresentador, mas também do público (todos no recinto). Uma mensagem geralmente assume diferentes formas, desde o momento em que é falada até a hora em que é filtrada pelos ouvidos do público. Uma mensagem falada seja ela qual for, assume três formas, que são: o que se pretende transmitir, a mensagem que é realmente transmitida e o que o público ouve ou recebe. Isso significa que as pessoas nem sempre ouvem a mensagem que se pretendia. Embora a mensagem dependa inteiramente do orador, a apresentação geral não depende dele, mas do público. Portanto, a forma pela qual o público percebe o orador importa muito, mas ele não deve se incomodar ou mesmo se preocupar com isso. O foco deve estar sempre no público, não em si mesmo.

Nesse contexto a linguagem corporal do orador se faz muito importante. Com as palmas das mãos sempre para cima,mostrando-se emocionalmente convicto ou quando o que você diz é fato, é um método eficaz a ser considerado, além disso, diminuir a velocidade da fala e depois acelerá-la durante a apresentação é também uma boa dica. Qualquer interferência na atenção do público deve ser eliminada se o orador quiser que a mensagem transmitida seja filtrada e recebida exatamente como pretendido. Fazer perguntas ou chamar pessoasda plateia pelo nome pode ajudá-lo a se livrar do desligamento e torná-los mais atentos.

Conhecendo os sogros

Conhecer os sogros é sempre complicado, porque as pessoas sempre querem transmitir a melhor impressão e atender as expectativas da sociedade em geral. Por exemplo, os homens querem demonstrar segurança, assertividade e uma personalidade extrovertida, enquanto as mulheres devem parecer menos assertivas, mas extrovertidas e confiantes. A forma que as mulheres enxergam os homens com menos de 23 anos ou acima, é completamente diferente. Abaixo desta idade, os homens estão associados à proteção física. A expectativa é que eles gostem de crianças, tenham um bom emprego e sejam até mesmo sociais. Esses são os atributos que os homens devem ser capazes de mostrar quando conhecem seus futuros sogros.

No entanto, fazer com que os pais de um parceiro em potencial simpatizem com um indivíduo não é assim tão fácil, em geral porque a maioria dos pais são muito protetores.Seja cuidadoso porque a maioria deles não aceita facilmente os pretendentes dos filhos, e em vez disso ainda se empenham em colocar barreiras. A ideia é garantir que ao final do dia, você consiga a afeição plena dos sogros sem deixar nenhuma dúvida. Se possível, faça com que eles se sintam a vontade como se já o conhecesse há algum tempo e não apenas por algumas horas desse encontro.

Existe um poder extraordinário em tocar as pessoas, no entanto, é um poder que pode tanto construir como destruir, dependendo de como é usado. Se não tiver certeza de como usar o toque, evite-o completamente. O toque pode ajudar a criar uma conexão necessária com os sogros ou marcar o fim a qualquer possibilidade dela. Por isso, é uma ferramenta a ser usada só por aqueles que estão seguros e confiantes em usá-la.

Capítulo 8: 10 dicas simples e poderosas da linguagem corporal

A implementação dessas poderosas, mas simples dicas da linguagem corporal definitivamente garantem um efeito aprimorado dos estímulos corporais não apenas em um indivíduo, mas também em outros. Isso também garante que a comunicação de liderança não seja só eficiente, mas também muito eficaz, para que os negócios tenham um bom desempenho em um mercado competitivo, obtendo vantagem sobre os concorrentes.

Projeção dos níveis de confiança

As pessoas devem demonstrar confiança no modo como falam, andam e em seu estilo de vida. Com uma postura simples, mas eficaz, o indivíduo pode parecer confiante, seja no escritório, em uma festa, na rua, participando de uma entrevista ou durante uma reunião.

Conformepesquisa realizada pela Universidade de Harvard, a confiança pode ser alcançada através de posturas que aumentam o nível do hormônio testosterona presente no corpo pela linguagem corporal positiva; o cortisol, o hormônio responsável pelo estresse é então reduzido. Uma postura poderosa é composta por braços bem abertos, porte amplo e ombros retos para trás. A testosterona é um hormônio que aumenta o nível de confiança em um indivíduo, bem como sua energia e poder.

Quando uma pessoa fica nervosa ou desenvolve algum tipo de medo, ela deveria tentar esse tipo de postura em vez de se curvar; ela vai entender a diferença à medida que a confiança e o seu nível de energia aumentar. Ela também desenvolverá uma alta resistência ao risco. A razão pela qual é tão importante construir a autoconfiança ou ter uma imagem confiante é o fato de que as pessoas são mais propensas a serem convencidas pela linguagem corporal e não por meras palavras.

Identifique os quatro sinais de desonestidade

Os comportamentos e emoções expostos através da linguagem corporal não podem ser interpretados por um único indício ou gesto, mas o conjunto deles. Os indícios podem ser compostos por gestos, movimentos, ações, tom de voz e outros. A decepção e a desonestidade foram comprovadas estatisticamente através de pesquisas que podem ser identificadas por meio de gestos diversos como tocar o próprio rosto, tocar as mãos, afastar-se de uma pessoa com quem se está conversando e cruzar braços. Quando todos esses quatro sinais são identificados em um indivíduo ao mesmo tempo, demonstra que ele não está sendo honesto. Portanto, isso significa que um sinal do a arme acionado.

Sorria para simplificar tarefas difíceis

Ao sorrir, o cérebro envia sinais que liberam hormônios bons como a ocitocina e as endorfinas ao corpo. Esses hormônios melhoram o humor, o bem-estar e atitude. Além disso, cria uma boa impressão visual aos outros, fazendo-o parecer mais jovial, amigável, acessível, confiável, bastante cooperativo, entre outros traços bons de personalidade. O sorriso, assim como alguns tipos de emoções pode ser muito contagiante; quando alguém sorri, as pessoas ao redor se tornam mais propensas em sorrir de volta. O rosto com um sorriso genuíno geralmente ilumina o ambiente, os olhos se apertam e, normalmente um sorriso natural se abre e desaparece gradualmente.

Um sorriso coloca o indivíduo em um estado de espírito e atitude positiva que, por sua vez, envia um sinal bom ao cérebro. O que energiza a pessoa para lidar com tarefas que não faria se não estivessem sorrindo, porque o cérebro sinalizaria que a tarefa é difícil, preparando o corpo para isso. Portanto, quando alguém se cansa ou considera a tarefa difícil, deve sorrir para simplificar tudo em um único estalar de um dedo.

Aprenda a envolver as pessoas

Se um indivíduo está fazendo uma apresentação, falando com um cliente ou em uma reunião, envolver os participantes na conversa é essencial para fazer uma venda ou chegar a um acordo. Não importa se sinais de envolvimento são apresentados de forma voluntária ou não, pois o resultado seria o mesmo. Expressões como espelhamento, gestos corporais de posturas, acenos e sorrisos podem indicar envolvimento e interesse na discussão.O uso das mãos pode ajudar a melhorar a fala e, assim, eliminar ou diminuir o tédio. Exibir sinais de que está ouvindo atentamente também pode ajudar a manter o público ativo.

Elimine obstáculos para incentivar a colaboração

Se uma pessoa ou empresa quer impressionar os clientes, atrair potenciais clientes ou investidores, além da postura, precisa fazer uso de gestos de comunicação não verbais de autoridade e poder. No caso de uma empresa, é possível criar estratégias melhorando o apelo visual da marca reorganizando seus escritórios. No entanto, gestos que indicam autoridade e posição não podem ser usados caso seja necessária a colaboração dos funcionários; esses gestos podem transmitir mensagens não intencionais ou mesmo causar confusão. O rearranjo das instalações comerciais deve ser feito se as metas e objetivos puderem ser alcançados através da criação de uma cultura colaborativa.

Criar uma área específica para receber visitantes ou ter cadeiras ao lado da mesa é uma ótima forma de induzir a colaboração por meio da igualdade, informalidade e parceria. Os visitantes não devem sentir qualquer tipo de competição ou inferioridade. No caso de uma área de convivência, todos os móveis, como assentos e mesas, devem ser iguais em tamanho.

Ofereça um chá para reduzir a resistência

Dobrar os braços é conhecido por indicar proteção, defesa ou resistência. Combinado com as pernas cruzadas, o orador pode estar certo de que o seu público não está ouvindo e que ele não causou nenhuma impressão positiva. Existem várias maneiras de neutralizar esse tipo de resistência. Apresente ao público ou visitante uma amostra do produto, ofereça um chá ou café, uma brochura, um cartão de visita ou até mesmo um aperto de mão pode ajudar. Quando o público é grande em número, a execução das tarefas acima pode ser quase impossível. Nesse caso, eles podem ser bombardeados com perguntas relevantes para mantê-los em alerta. Na verdade, qualquer estratégia pode ser adotada desde que o resultado seja produtivo; trazendo todos à postura de ouvinte com atenção. Boas posturas corporais também melhoram o humor, com isso ajudam a aumentar o nível de atenção enquanto reduzem a resistência.

Explore os gestos de autoridade

Os sentimentos, humores e atitudes das pessoas extrovertidas podem ser lidos com muita facilidade, por isso elas impressionam sem muito esforço. A falta de sutileza e nuances combinadas com uma exuberância exagerada, não são bem vistos pelo público. Pequenos movimentos do corpo podem exibir certo nível de autoridade. Respirações profundas seguida de pausa logo antes de fazer uma declaração importante podem ser o ideal. As pessoas aparentam ter mais poder quando estão relaxadas e calmas. Levantar a voz não mostra autoridade, mas desequilíbrio. Se demonstrar autoridade é importante para o orador, a sua voz deve estar sempre baixa e regular.

Mude a tática para criar um ambiente descontraído

Pessoas que buscam reconhecimento e atenção tendem a se envolver em discussões verbais terríveis. A situação pode ser difundida e um ambiente descontraído criado por espelhamento dos gestos da pessoa e postura para alinhamento físico semelhante ao outro. As duas pessoas podem olhar para uma direção similar ou estarem lado a lado com os ombros alinhados um ao outro para chegar ao alinhamento físico. Evite se aproximar muito, estreitar o espaço entre os corpos ou ter uma atitude de enfrentamento, isso pode piorar uma discussão ainda mais, principalmente quando se trata do gênero masculino. Porque em geral as mulheres conseguem se manter de pé bem próximas, enquanto os homens só podem inclinar do corpo. Além disso, a maioria dos homens considera essa aproximação um confronto.

Cause uma boa impressão para fechar um negócio

Para fechar uma venda, se apaixonar, ser amado ou mesmo convencer as pessoas o que conta é a primeira impressão. Uma forma de criar uma boa impressão é demonstrando segurança e usando a linguagem corporal apropriada. No entanto, as coisas não terminamno momento que o acordo é fechado. Em seguida é fundamental criar uma impressão duradoura e há várias maneiras de chegar lá. Apertos de mão calorosos e firmes, ficar de pé com os queixos levantados, demonstrar gratidão, sorrir e fazer contato visual depois de fechar um negócio, assinar um contrato ou fechar uma venda é imprescindível para criar uma impressão positiva e duradoura. Com isso o cliente ou visitante tem a impressão de que você é uma pessoa com quem ele pode ter um relacionamento comercial estável e saudável, isso faz com eles atéantecipem novas reuniões.

Ensine as pessoas a melhorarem sua linguagem corporal

Para conseguir um ambiente de trabalho colaborativo é importante usar os sinais da linguagem corporal inclusiva. Permita que seus colegas e familiares saibam que você está trabalhando para melhorar seus sinais não verbais, assim eles certamente lhe darão o apoio que você precisa durante esse processo. Eles também vão entender e buscar alguma forma de motivá-lo. Melhorar a memória é uma excelente forma de aprimorar a linguagem corporal; portanto, pernas e braços jamais devem ser cruzados.

Considerações finais/conclusão

O fato de a linguagem corporal ser usada independente da sua consciência como indivíduo (voluntária ou involuntariamente) é parte da vida. O único ponto imprescindível é estar ciente da sua linguagem corporal desenvolvendo gestos positivos, e se causarem má impressão, você pode assumir o controle de seus movimentos, gestos, postura e até o tom de voz. A diferença entre uma linguagem positiva e negativa é vista pelo resultado, quando você consegue o emprego decorrente de uma entrevista que participou,fecha o contrato, convence um cliente ou consegue demonstrar confiança. A parte boa da linguagem corporal (dependendo do contexto) é podertransmitir o tipo de mensagem que se quer e omitir o que não se quer expressar. Embora isso possa ser bom para quem está falando, talvez não seja para o ouvinte. Porque significa que o ouvinte ou o público precisarão ler os gestos do orador se quiserem descobrir o que está ocultando.

É evidente também que para tentar decodificar a linguagem corporal do outro é preciso ler os gestos em conjunto. Não é suficiente classificar como defensiva uma pessoa que está apenas sentada com os braços cruzados, porque ela pode estar relaxando de forma confortável. Por isso, se você quer fazer uma interpretação correta e uma conclusãoprecisa será preciso observar todos os outros gestos do contexto. O que quer que esteja acontecendo ou sendo falado também deve ser considerado durante a interpretação para ajudar a alcançar o significado absoluto da mensagem que está sendo transmitida. Se os braços cruzados forem junto com as pernas, então é sinal que a pessoa pode estar nervosa ou na defensiva.

A expressão facial é sempre importante em todas as áreas. É possível que não se perceba a mensagem através da face, por isso deve ser usado e monitorado também. Como mencionado anteriormente, não se pode mentir pelos gestos, especialmente quando eles acontecem de forma natural, além disso, o rosto é uma área que geralmente reage automaticamente às emoções e sensações. Acima de tudo, os instintos nunca mentem. Se o seu instinto lhe disser que a outra parte está desassociada da conversa ou da reunião, ele pode estar certo. Por isso é importante que as pessoas comecem a aprender a confiar em seus instintos; alguns dizem que não existem arrependimentos do que vem dos instintos. E por fim, antes de correr para aprender linguagem corporal do outro, primeiro saiba como decifrar a sua própria.

Conhecendo seus próprios gestos, aprender mais sobre os do outro se torna muito simples. Não leva mais que um ou dois minutos para aprender e dominar a linguagem corporal positiva. No entanto, é preciso paciência, prática e determinação para aprender essa grande habilidade que todo mundo precisa para ter sucesso em seus planos. Não se pode aprender sobre todas as áreas da linguagem corporal ou aprimorá-las ao mesmo tempo; é preciso começar com um único aspecto ou gesto e trabalhá-lo até que esteja perfeito, e só depois seguir em frente para trabalhar o próximo movimento. Use um espelho para praticar quando estiver em casa, fazendo todos os tipos de caras e bocas, perceba como fica sua aparência, sua mensagem sendo transmitida e, se for positiva, controle-a.

Pratique um olhar simpático e confiável e tenha controle sobre ele; ele deve se tornar parte dos seus hábitos para causar impacto e uma boa impressão em outras pessoas. Isto o ajudará a melhorar a maneira de interagir com os colegas, com o chefe e com os amigos em sua rede social. A linguagem corporal também pode ajudar a acalmar seus nervos, se concentrando em seus gestos quando os medos e emoções negativas tiram o melhor de você. Demonstre confiança e autoestima elevada durante a conversa. É evidente que a maneira pela qual uma pessoa se relaciona com as outras está diretamente relacionada com o que ela pensa.

Os pensamentos positivos resultam de uma linguagem corporal positiva e os pensamentos negativos resultam de uma linguagem corporal negativa. A autoestima e a confiança são drasticamente aumentadas quando um indivíduo evita a linguagem corporal negativa discutida em detalhes neste e-book, como a inquietação. Com a linguagem corporal positiva e certa, você é capaz de mostrar ao mundo o seu verdadeiro eu, pois os gestos, movimentos, postura e expressões em público dizem quem você é. Contudo, nuncajulgue um livro pela capa. Conheça melhor a pessoa e reserve um tempo para lê-la devidamente antes de concluir quem ela é ou o que ela parece ser. A linguagem corporal pode enganar quando interpretada incorretamente.

Nãoexiste um momento melhor para aprender sobre a linguagem corporal, sobre o modo de lidar melhor com seus próprios gestos e com os dos outros, do que agora. Dê o próximo passo e aprenda o que sua linguagem corporal está dizendo aos outros.

Parte 2

Introdução

Quero agradecer e felicitá-lo por baixar o livro.

Este livro contém etapas e estratégias comprovadas sobre como analisar os pensamentos, sentimentos e verdadeiras intenções de uma pessoa apenas observando os movimentos do corpo e como usar seu corpo para enviar mensagens convincentes a outras pessoas.

Há algo sobre a linguagem corporal que nem todo mundo conhece. Aqueles que sabem sobre isso têm uma vantagem sobre todos os outros, porque eles têm o poder de ler mentes e controlar mentes de maneiras ultra sutis. Leia este livro para que você também esteja à frente do seu jogo.

Obrigado novamente por baixar este livro, espero que você goste!

Capítulo 1: A verdade sobre a linguagem corporal

A verdade sobre a linguagem corporal é que ela é extremamente mais honesta e mais influente do que as palavras. Aprendendo a entender e controlar a linguagem corporal, você ganha a habilidade de ler as pessoas comprecisão e conduzi-las da maneira que você escolher.

Comunicação envolve mais do que apenas trocar palavras. Na verdade, apenas 7% da comunicação é verbal e o resto é não-verbal. Dos 93%, 55% é linguagem corporal e 38% do tom da sua voz. Issodeve servir como um lembrete para você prestar atenção, não apenas ao que está dizendo, mas também ao que todo o seu corpo está projetando.

Como você pode ver nas estatísticas dadas acima, uma grande parte da comunicação gira em torno de elementos não ditos. Em uma conversa, as pessoas usam seu intelecto para decifrar o significado e expressá-lo. No entanto, eles também captam e demonstram informações não verbais, embora possam não estar cientes de que estão fazendo isso.

A parte complicada da linguagem corporal é que geralmente ésubconsciente. Isso significa que os movimentos e posições de outras pessoas podem nos afetar sem que saibamos, e também revelamos nossos segredos involuntariamente. É por isso que é importante levar a linguagem corporal ao nível consciente. Nós nos tornamos melhores comunicadores secompreendermos plenamente como as ações se traduzem em significado e se sabemos como guiar a ação para que possamos transmitir as mensagens desejadas.

Estes são alguns benefícios de dominar a linguagem corporal:

- Ao dominar a linguagem corporal, você compreenderá mais as outras pessoas e terá a capacidade de influenciar outras pessoas de maneira sutil.

- Você pode fazer as pessoas confiarem e gostarem mais de você.

- Você melhora suas habilidades interpessoais.

- É útil nas negociações e no trato com os outros.

- A linguagem corporal revela muitas informações, mesmo que a pessoa não fale ou negue. Isso fará de você um ouvinte melhor, porque você recebe mais da mensagem inteira que as palavras deixam de fora

- Você saberá se está sendo enganado.

- Você pode ter uma ideia do que a outra pessoa está escondendo.

- Ao controlar sua linguagem corporal, você também controla o que sente, pois ações e emoções estão interconectadas.

Lendo e controlando a linguagem corporal

Aprender a ler a linguagem corporal é útil para obter insights para outras pessoas e usar essa percepção para lidar com elas de maneira mais eficaz. Dominar a linguagem corporal faz com que você controle as mensagens que envia para outras pessoas. Dá-lhe a capacidade de convencer melhor as outras pessoas ou afetá-las subconscientemente.

Lembre-se de que você precisa ler a linguagem corporal, não em partes, mas por completo. Da mesma forma, se você está conscientemente controlando sua linguagem corporal, você deve garantir de que ela corresponde ao que você está dizendo. Caso contrário, as pessoas detectarão as inconsistências e perceberão que você está fingindo.

Opróximo capítulo trata do mais geral de todos os indicadores de linguagem corporal: abertura. Isso serve como a imagem principal que colore todas as outras ações.

Capítulo 2: Linguagem Corporal Aberta e Fechada

Como mencionado anteriormente, a linguagem corporal precisa ser interpretada comoum todo em vez de individualmente. Você deve considerar grupos de ações ou expressões semelhantes antes de ler uma pessoa. Evite apontar um maneirismo específico para representar seu estado de espírito - um gesto pode implicar várias coisas diferentes, e vocêsó saberá o que significa especificamente se compará-lo a outras pistas.

Categorizar a linguagem corporal como aberta e fechada é uma maneira de obter rapidamente informações sobre a disposição geral de uma pessoa. Cada tipo está associado a certos recursos:

Linguagem corporal aberta

Uma linguagem corporal aberta revela uma atitude não defensiva. Está ligado à aceitação, passividade e relaxamento.

- Braços descruzados - podem significar abertura, mas também podem indicar articulação, raiva ou súplicas com base na posição das mãos.

- Pernas não cruzadas - postura não defensiva

Linguagem Corporal Fechada

Uma linguagem corporal fechada expressa defensividade e proteção. Também pode significar exaustão.

- Braços cruzados: rejeição, cautela

- Pernas cruzadas: cuidado ou desafio

- Colocar um objeto na frente do corpo: medo, nervosismo

Postura Geral

A postura geral de uma pessoa pode lhe dizer instantaneamente como ela se sente.

- De pé ou sentado: confiança e atenção

- Encurvado: cansaço, tristeza, timidez

Tenha cuidado para não julgar rapidamente uma pessoa com base apenasnesses fatores. Como você lerá mais tarde, gestos específicos e a voz lhe dirão mais sobre o que realmente está acontecendo na mente da pessoa. Além disso, leia o último capítulo para evitar erros na leitura da linguagem corporal.

Capítulo 3: Interpretando Movimentos da Cabeça e Posições

A posição e o movimento da cabeça são altamente visíveis, para que você possa refinar sua análise, verificando primeiro a cabeça da pessoa.

Assentir com a cabeça

- Assentir com a cabeça normalmente significa que a pessoa está concordando com você, mas em algumas culturas comoBulgária, Albânia, Macedônia e Grécia, significa não. Isso ajudará se você obtiver o contexto cultural da pessoa que está lendo.

- Pode significar que o ouvinte está encorajando o orador a continuar.

- Um orador que assente com a cabeça pode significar que ele está enfatizando o que é dito ou tentando convencer o público a concordar com ele. .

- Um lento aceno de cabeça pode significar interesse ou impaciência - um bom contato visual sugere o primeiro, enquanto a falta dele implica o segundo. Também verifique se a pessoa está mexendo; isso revelainquietação.

- Um rápido aceno de cabeça mostra um apoio intenso (se olhando para o falante) ou um impulso urgente de falar (se ele estiver olhando para outro lado).

- Não assentir com a cabeça pode indicar desaprovação ou falta de atenção - uma linguagem corporal fechada é um sinal de rejeição, enquanto um olhar desfocado e uma postura relaxada revelam o tédio.

Sacudindo

- Uma cabeça trêmula geralmente significa desacordo, mas verifique os costumes do povo para ter certeza.

- Uma cabeça tremendo rapidamente expressa uma discordância intensa ou um desejo de falar. Verifique os movimentos da boca.

- Agitação lenta significa que a pessoa discorda, mas quer ficar em silêncio.

Cabeça ereta

- Uma cabeça ereta está associada à escuta objetiva e imparcial.

- Se isso é acompanhado de braços cruzados e pernas cruzadas, a pessoa pode estar em desacordo com o que está sendo dito.

- Se a pessoa estiver falando e sua cabeça estiver em pé, significa que ela quer ser levada a sério.

- Se a cabeça estiver ereta, mas os olhos estiverem voltados para baixo, a pessoa pode estar se sentindo defensiva.

Cabeça alta

- Uma cabeça erguida é um indicador comum de confiança.
- Se o peito estiver estufado, a pessoa está orgulhosa.
- Se o queixo está se projetando, ele está sendo arrogante ou rebelde. A rebelião é geralmente vista com gestos de raiva, como punhos cerrados e uma postura ampla.

Cabeça baixa

- Em geral, uma cabeça virada significa desinteresse.

- Quando a testa também está inclinada para frente, expressa desaprovação.

- Em uma atividade cansativa, uma cabeça baixa fala de esgotamento.

- Quando a pessoa tem uma linguagem corporal fechada, ela está demonstrando submissão ou está se desculpando de interromper ou desagradar outra pessoa.

Cabeça para a frente

- Uma cabeça projetada para frente revela interesse.

- Também pode significar agressão se acompanhada por uma expressão facial raivosa e um olhar prolongado.

Cabeça inclinada para um lado

- Uma inclinação da cabeça é muitas vezes relacionada com interesse.

- Também pode significar consideração, especialmente se a pessoa estiver esfregando o queixo.

- Manter a cabeça ereta é útil para identificar o perigo; permitir que ele incline para o lado significa que tudo está seguro. Se a pessoaestá sorrindo e está perto da pessoa, isso significa que ela confia nela.

- Uma inclinação prolongada da cabeça expõe o tédio.

- Se falando, significa que a pessoa está dizendo as coisas de uma maneira divertida.

Desviar a cabeça

- Isso é indicativo de descrença ou desinteresse.

- Mãos cruzadas atrás da cabeça com os cotovelos para os lados e com o peito erguido

- Isso revela que a pessoa está confortável e não sente necessidade de se proteger; se isso for feito na presença de outras pessoas, isso pode significar que ele está tentando intimidá-las. Isso se traduz em "não vejo você como uma ameaça".

- Cabeça apoiada com os braços cruzados e pressionados contra os lados da cabeça

- Este é um gesto reconfortante e protetor. A pessoa pode estar estressada.

Apoiando a cabeça na mão

- Isso sinaliza tédio ou fadiga.

Lance de cabeça

- Jogar a cabeça expressa desdém especialmente com os olhos olhando para cima. Um barulho e resmungos confirmam isso. No entanto, também pode ser um gesto de paquera se ele/ela mantiver contato visual.

- Virando a cabeça diagonalmente para trás

- Isso é mais lento do que o lançamento de cabeça e é um gesto acenando.

- Tocando a cabeça de outra pessoa

- A cabeça é uma parte vulnerável do corpo. Se você vir alguém tocando a cabeça de outra pessoa e a outra não reagir negativamente, você pode dizerque ela confia uma na outra. É também um sinal de autoridade -a pessoa que toca tem poder sobre o que ele está tocando.

Beijando a cabeça de outra pessoa

- Um beijo mostra aprovação e proteção para aquele que está sendo beijado.

Capítulo 4: Interpretando os movimentos e posições dos olhos

A posição e o movimento dos olhos revelam o que está acontecendo na mente da pessoa. Tome nota que as instruções são baseadas no ponto de vista da pessoa. A direita de uma pessoa é asua esquerda e vice-versa.

Olhando para a direita: imaginando, adivinhando ou inventando coisas (como mentir)

Olhando para cima e para a direita: (imaginando visualmente) imaginando algo que não foi visto pela pessoa; pode indicar mentira.

Olhando para a direita: (imaginando auditivamente) imaginando uma melodia ou som, compondo uma narrativa ou poema, possivelmente mentindo

Olhando para baixo e para a direita: (sentimentos) recordando ou imaginando uma emoção ou sentimento físico

Olhando para cima e para a esquerda: (memória visual) lembrando uma imagem /foto/cena testemunhada

Olhando para a esquerda: (memória auditiva) lembrando um som / melodia / poema

Olhando para baixo e para a esquerda: (auto fala interna) falando consigo mesmo, ouvindo a voz interna, questionando-se

Olhando para cima: tédio

Olhando para cima com a cabeça abaixada: flertando

Olhando para cima e franzindo a testa: julgando

Olhando para baixo com a cabeça abaixada: respeito, submissão

Olhando de lado: irritado, distraído

Movimento lateral (movimento ocular lateral): imaginando, mentindo

Erguer a sobrancelha: reconhecimento, saudação

Olhos arregalados: submissão, atenção, inocência, surpresa, concordância

Pálpebras esvoaçantes: interesse, pensar rapidamente, raiva

Olhos suaves e relaxados: desejo sexual

Contato visual: atenção, interesse, honestidade (ao olhar diretamente para você)

Rompimento do contato visual: insultado, desconforto

Quebrar e reconectar o contato visual: flerte

Longo contato visual: agressão (se o rosto não se move), flerte, surpresa (se com os olhos arregalados)

Contato visual limitado: insegurança, mentira

Olhar: pode significar amor (quando acompanhado de uma expressão facial relaxada), luxúria (quando o olhar percorre todo o corpo), querer beijar (ao olhar para a boca), avaliar a pessoa (quando o olhar percorre para cima e para baixo)), tédio e desinteresse (se olhar para a testa), ou verificar se são apanhados na mentira (quando prolongados)

Relancear: pode significar desejo (se acompanhada de sinais de flerte), preocupação (se estiver ansiosa) ou querer fugir (se olhar para uma saída)

Olhando com as sobrancelhas levantadas: desejo, sem: desaprovação

Apertar os olhos: incerteza, avaliação, suspeita, desacordo, ou simplesmente porque há uma luz brilhante ou a pessoa está tentando ver mais claramente

Piscando: estresse, mentira, relacionamento (se feito ao mesmo tempo que a outra pessoa)

Piscar um só: surpresa

Piscar rápido: arrogância (quando não está olhando para trás), excitação (quando atento)

Piscar devagar: tédio

Piscando: flerte, simpatia

Revirando os olhos: hostilidade, desgosto, frustração

Esfregando os olhos: cansaço, descrença

Encolhendo as pupilas: desonestidade

Pupilas dilatadas: atração

Certifique-se de que a pessoa que você está analisando não tenha distúrbios oculares ou visuais e não esteja sob ainfluência de substâncias. Se o fizerem, você pode confundir seus olhos estrábicos ou estremecidos como algo completamente diferente. Quando você perceber que eles têm problemas com a visão, procure confirmação com outras coisas, como postura e gestos.

Capítulo 5: Interpretando expressões faciais

O rosto revela muito sobre o que a pessoa está sentindo.

- Sorrisos e pálpebras enrugadas: felicidade genuína

- Franzindo a testa, olhos estreitos, queixo apontando para frente, sobrancelhas franzidas: raiva ou concentração

- Sobrancelhas e pálpebras completamente erguidas, olhos arregalados, boca aberta (às vezes uma mão cobre a boca): surpresa

- Boca virada para baixo, testa franzida, queixo trêmulo: tristeza, desagrado

- Nariz enrugado, lábios entreabertos, olhos estreitos, cabeça levemente inclinada: nojo

- Cabeça inclinada (para a direção de interesse), assentindo, boca e olhos se alargam ligeiramente: curiosidade

Sorrisos

- De boca fechada: educado, escondendo segredos, restringindo a si mesmo, rejeitando
- Os lábios pressionados juntos, um lado revirado: arrogância, ridículo, brincadeira
- Os lábios pressionados juntos horizontalmente: interrompendo a fala, recusa, evitando alimentos
- Sorriso fraco: cansaço, timidez
- Sorriso torto (um lado da boca sobe e o outro desce): constrangimento, sarcasmo, mistura de emoção
- Sorriso com o queixo caído: rindo, brincalhão

- Sorrindo com a cabeça para baixo e olhando para cima com sorriso selado - sorriso tímido, abertura

- Sorriso lábio fechado: escondendo algo, brincalhão

- Sorriso largo: felicidade, se com inclinação para a frente da cabeça - humildade, com inclinação para trás da cabeça - orgulho

Mordendo o lábio inferior: medo, segurando para trás, culpa

Mastigando o lábio superior: incerteza, mau humor

Lábios escondidos dentro: desaprovação, secretismo, mentindo

Lábios separados: prestes a falar, (se lambendo os lábios e olhando) flertando

Lábios salientes: pensando

Lábios retraídos e dentes expostos: (com olhos estreitos ou largos) agressão, felicidade (com olhos enrugados)

Contraindo os lábios: falando para si mesmo, ansiedade, descrença

Lábios apertados: tensão, raiva / aborrecimento, sexualmente excitado, retendo alguma emoção

Lábios apertados, mandíbula cerrada: ameaçando alguém

Lábios soltos: triste, relaxado, desistido

Fazendo beicinho: desapontamento, (cabeça baixa, olhos estreitos, testa enrugada) antipatia, tristeza, frustração, incerteza, pensamento, interesse sexual, (se o lábio inferior for empurrado para fora) birra

Mostrar a língua: (língua realizada entre os dentes) cometer um erro, fugindo com malícia

Cuidado com rostos sem emoção - eles podem estar se esforçando para esconder algo de você. Você pode tentar perguntar algo à pessoa e observar as pupilas de seus olhos; se eles encolherem, eles podem estar mentindo. Além disso, atente para outrosindicadores ' mentirosos ' (veja o capítulo 9 para mais detalhes).

Capítulo 6: Interpretando os braços e as mãos

O movimento de braços e mãos complementa as palavras faladas. Há também momentos em que eles revelam o que a pessoa está escondendo.

Dedo sacudindo: aviso

Dedo subindo e descendo: enfatizando um ponto ou repreendendo alguém

Dedo apontado: agressão ou atenção a uma pessoa (você pode dizer qual pela situação e expressão facial)

Polegar para cima: aprovação

Polegares para baixo: desaprovação

Tocar rosto / nariz / boca: deitado, rejeição, dúvida

Tocando o queixo: tomando uma decisão

Segurando as próprias mãos: auto reconfortante

Puxando a orelha: indecisão

Roendo unhas: nervosismo ou insegurança

Batucar com os dedos: impaciência

Torcendo as mãos: nervosismo, raiva

Braços cruzados: relaxamento (se não houver emoções negativas)

Segurando no braço oposto: restrição, irritação

Segurando as mãos pelas costas: aberto e confiante (se relaxado e com postura corporal aberta), escondendo a emoção (se estiver tenso e tiver fechado a postura do corpo)

Mãos escondidas: mentindo, escondendo informações

Falta de movimento das mãos: desonestidade

Apertou na frente de maneira relaxada polegares apontando para cima: prazer

Aperto de mão

O aperto de mão de uma pessoa diz muito sobre sua confiança e sobre a maneira como ele trata outras pessoas.

- Aperto de mão firme: força, confiança
- Aperto de mão emocionante, palma para baixo: domínio, agressão
- Palma para cima, retirada rápida, fraqueza: submissão
- Agarrando o braço da outra pessoa: possessividade
- Aperto de mão de duas mãos: seriedade

Movimentos cortando e golpeando: agressão

Apontar com a palma da mão para baixo: parando os outros, dizendo "não", indecisão (empurrando a decisão)

Ambas as mãos cerradas: raiva, procurando briga

Ambas as mãos com palmas apontadas para dentro: tensão

Agitando o punho, um punho cerrado e se movendo em direção a uma pessoa: hostilidade

Socando no ar com um punho: excitação, triunfo

Cobertura

Cobrir partes do corpo pode simbolizar que a pessoa está se recusando a aceitar algo ou se defender

- Orelhas - não querem ouvir

- Olhos - não quero ver

- Boca ou pescoço - mentira / incerteza

- Encobrindo

Palmas voltadas para cima: implorando

Palmas voltadas para baixo: situação calma / pessoa

Palmas voltadas para cima, ângulo de 45 graus puxado para dentro: gesto acenando

Palmeiras pressionadas juntas: ansiedade e implorando

Braços cruzados: apreensão, desacordo

Agarrar firmemente os braços superiores: necessidade intensa de conforto, com os punhos cerrados: agressão

Braços cruzados e polegares apontando para cima: confiança ou desconforto

Abra palmas na frente do corpo, respiração calma, postura relaxada: honestidade, inocência

Braços abertos com palmas abertas: conectando-se ao público

Palma aberta para alguém: encorajar alguém a falar

Palmas voltadas para baixo: intimidante

Palmas voltadas para baixo e para cima e para baixo: tentando acalmar alguém / alguma coisa

Esfregando as mãos

- Rapidamente: excitado

- Lentamente: desonesto, a pessoa que está esfregando as mãos vai se beneficiar às custas de outra (especialmente se com os olhos apertados)

- Ou simplesmente porque a pessoa está com frio

Esfregar o queixo: pensando, avaliando

Dedos pressionados juntos apontando para cima: pensador, confiança e superioridade

Uma mão apoiando a cabeça e o dedo indicador sobre a boca: pensando

Mãos cerradas no lado do corpo: restringindo-se, ainda não está pronto para falar

Mão no rosto: acha que alguém / alguma coisa é burra

Mãos cerradas juntas: quanto mais altas elas são, mais negativas são as emoções contidas

Palmas nas costas: confiança

Sinal de com o polegar e o indicador juntos e três dedos para fora: precisão

Polegar e indicador perto um do outro, mas sem tocar: hesitante, incerto

Gesticula com todo o punho enquanto fala: empatia por ponto, convicção e autoridade

Faz o corte de movimento: empático

Campanário (polegar e dedos tocando nas pontas): dominante

Campanário abaixado (posicionado baixo): autoritário, mas aberto para sugestões de outros

Capítulo 7: Interpretando a Postura

Estas são coisas adicionais a serem observadas ao avaliar a posição e postura do corpo.

Recostando-se na cadeira, braços e pernas pendendo frouxamente, a cabeça inclinada para trás: exaustão

Inclinando-se para frente, costas retas: prontidão

Linguagem corporal aberta e com gestos confiantes: Status alto

Status inferior: deferente, linguagem corporal fechada, proteção

De mãos dadas nos quadris: vê as outras pessoas como iguais em status ou menores

Inclinando-se para frente: participação ativa

Inclinando-se para trás: reflexão, desprazer, ansiedade

Postura desleixada, olhando em outra direção: desinteresse

Encolher os ombros: descrença, desculpa, desinteresse, não sei, falta de vontade de estar envolvido, especialmente com as palmas das mãos na frente

Ombro apontando para uma pessoa: desdém

Braços cruzados: defensivo

Pernas cruzadas: necessidade de privacidade

Mãos nos quadris: agressão

Ficar batendo as mãos / pés: tédio, frustração, impaciência, raiva

Ombros encolhidos, cabeça inclinada, palmas das mãos abertas, sobrancelhas levantadas, boca virada para baixo: não sei ou não entendo

Você pode extrair mais informações de uma posição de corpo fechada ou abertaprocurando por esses detalhes. Em caso de dúvida, você pode se referir ao padrão de respiração da pessoa:

- Rápido - raiva, ansiedade, excitação

- Mesmo - relaxamento, confiança, certeza

- Lento - depressão

Tenha cuidado, porque muitos fatores além das emoções podem afetar o padrão de respiração de uma pessoa, como temperatura ambiente e estado físico.

Capítulo 8: Interpretando as pernas e pés

As pernas e os pés são partes do corpo que devem ser observadas, porque muitas vezes a pessoa esquece de controlá-las. Isso é importante quando sedetecta desonestidade.

Pés bem separados com as mãos nos quadris: dominância

Pés colocados juntos: submissão

Uma perna reta e outra angulada: quer sair

Pernas cruzadas em pé: protecionismo, comprometimento, submissão

Perna cruzada enquanto está sentado: defensiva

Remexer-se: impaciência

Pés inquietos: mentindo ou escondendo informações

Os pés geralmente apontam para algo que a pessoa está interessada. Pode ser uma pessoa ou um objeto. Se eles apontam para uma saída, isso significa que a pessoa quer sair o mais rápido possível.

Capítulo 9: Lendo Emoções

Sinais de linguagem corporal muitas vezes vêm em grupos. Essas emoções são retratadas pelo seguinte grupo de ações:

Espanto: Encarando, sobrancelhas levantadas, mandíbula frouxa, quietude, suspirando

Diversão: Sorrindo, rindo, batendo nas coxas, batendo palmas, batendo os pés

Raiva: sobrancelhas abaixadas, olhos estreitos, dentes expostos, mandíbula cerrada, rosnado, rosto avermelhado, pescoço tenso, braços balançando, golpes ou movimentos agressivos, apontando, sacudindo ou batendo com o punho, invasão de espaço pessoal, postura larga

Aborrecimento: Lábios apertados, olhos apertados, olhos inclinados para a cabeça, revirar os olhos, suspirando, dizendo "tsk tsk", se afastando

Ansiedade: inquietação, mordendo o lábio, respiração rápida, prendendo a respiração, os olhos se movem rapidamente lado a lado, sudorese, risadas agudas, ritmo, ombros curvados

Atenção: Franzir a testa lentamente, testa enrugada, inclinando-se para frente ou sentada, tomando notas

Tédio: Descansando a cabeça na palma da mão, remexendo, rabiscando, desviando o olhar

Confiança: Braços unidos nas costas, em pé, cabeça erguida, peito para fora, caminhada rápida e movimentos firmes

Confusão: testa enrugada, olhos apertados, ombros encolhidos

Desprezo: Queixo para cima, lábios franzidos, franzindo levemente a testa, pescoço esticado, se afastando, ondas entregam

Cinismo: meio sorriso, balançando a cabeça, lábios pressionados, franzindo a testa ligeiramente, olhos revirados

Defensivo: Braços / pernas cruzadas, braços para fora e palmas voltadas para a frente, colocando barreiras na frente do corpo

Repugnado: nariz enrugado, lábio enrolado, recuando, virando-se, cobrindo o nariz, apertando os olhos, engasgando

Descontentamento: sorriso falso, franzindo a testa, fazendo beicinho, linguagem corporal defensiva

Socorro: Respiração rápida, olhos arregalados, amontoados no canto, batendo nas paredes, apertando as mãos sobre a cabeça, torcendo as mãos, passando as mãos pelo cabelo, balançando

Dominação / Gabação: Queixo empinado, peito para fora, ombros para trás, olhando nos olhos, senta-se com os pés para cima e as mãos atrás da cabeça, aperto de mão muito firme e com a mão no topo

Sério: inclinado para frente, balançando a cabeça, sobrancelhas levantadas, olhos arregalados, contato visual, palmas para cima, aperto de mão dupla, coloca a mão no coração

Constrangimento: corar, gaguejar, cobrir o rosto com as mãos, inclinar a cabeça, evita olhar

Empolgação: esfrega as mãos juntas, lambe os lábios, aperto de mão enérgico, salta para cima e para baixo, largo sorriso

Exaustão: Esfrega os olhos, olha fixamente, sobrancelhas levantadas, boceja, estica, range os dentes, massageia o pescoço

Medo: ombros curvados, afastando-se dos outros, olhos arregalados, sobrancelhas levantadas, tremendo, abraçando-se, balançando, congelando

Paquera: Piscando, olhando através de cílios, olha por cima do ombro, entra em contato visual, olha para o lado e retoma o contato visual, o cabelo vira, alisa a roupa, endireita as posturas, a postura do vaqueiro

Frustração: balança a cabeça, massagem na têmpora, fechar o pulso nas costas, correr as mãos pelos cabelos, agarrando alguma coisa, dobrar os nós dos dedos

Felicidade: olhos e nariz enrugados, sorrindo, rindo, balançando os braços, pulando, dançando

Impaciência: acenos rápidos, batendo os dedos dos pés / dedos, suspirando, verificando relógio de pulso / relógio

Ciúme: lábios apertados, olhos apertados, braços cruzados

Mentir: Coça o rosto, mudança repentina na linguagem corporal, olhos mudando, longos piscos, encolhe os ombros, mistura de linguagem corporal, inquietação, risos ou sorrisos inapropriadamente, lambe os lábios, morde a língua, cobre ou toca a boca

Dominado: Palmas para a cabeça, cobre os olhos, olhos arregalados, olha fixamente, agarra a mesa ou se inclina para a parede

Brincalhão: Pisca com um olho só, mexe as sobrancelhas, toques

Prazer: Cabeça inclinada para trás, lábios entreabertos, movimentos lentos, alongamento, corar levemente, respiração rápida

Possessividade: Agarrando os braços enquanto agita as mãos, colocando as mãos sobre ou ao redor da outra pessoa ou o espaço perto deles, invadindo o espaço pessoal, olha fixamente

Resistência: Braços cruzados, arrasta os pés, aperta o nariz, cobre as orelhas

Tristeza: ombros caídos, corpo caído, se abraça, movimentos lentos, tremor ou lábio inferior, choro, tremor

Discreto: Apertado sorriso labial, escondendo as mãos nos bolsos, desviando o olhar

Vergonha: ombros caídos, evita olhar fixo, enterra o rosto nas mãos, curva a cabeça

Choque: Cobre a mão com a boca, boca aberta, ofegante, congelamento, encarando, sobrancelhas levantadas e olhos arregalados, batendo na testa

Timidez: Evita o contato visual, mantém distância das pessoas, linguagem corporal fechada, cabeça baixa

Presunção: pequeno sorriso de boca fechada, levantou uma sobrancelha, o queixo ligeiramente inclinado, os dedos entrelaçados (os dedos estendidos e as pontas dos dedos tocando-se uns aos outros)

Suspeita: Apertar os olhos, olhar de lado, sobrancelha levantada, esfrega os olhos, balança a cabeça, bochechas inchadas

Pensamento: dedos pontiagudos, aperta o nariz, fecha os olhos, puxa a orelha, acaricia o queixo, sobrancelha franzida, olho semiaberto, cabeça inclinada, lábios pressionados, queixo apoiado na mão,

mão na bochecha, dedo indicador na bochecha e descanso dos dedos embaixo da boca inclinado para a frente

Triunfante: Primeiro socando ar, mãos cerradas, dentes ou sorriso largo, cabeça inclinada para trás

Estes são apenas alguns exemplos de como as emoções são expressas. Você notará que uma pessoa tem um hábito em particular quando está sentindo uma certa emoção. É melhor observar vários indivíduossubmetidos a diferentes circunstâncias para serem mais precisos. Além disso, será útil se você ouvir como eles falam e o que eles falam - as palavras que eles usam, se emitem suspiros ou sons hesitantes, etc.

Capítulo 10: Usando a Linguagem Corporal como uma vantagem no mundo real

Você pode usar a linguagem corporal para obter sucesso nos negócios e nos assuntos sociais. Em geral, você tem que projetar uma linguagem corporal excelente e usar gestos com sabedoria.

Dicas gerais sobre linguagem corporal

Manter a coluna ereta em pé/sentado: para maior confiança eevitar dores nas costas. Não se curve - isso indica insegurança, tristeza ou exaustão. Puxe os músculos abdominais, empurre os ombros para trás e levante o peito

Cabeça: mantenha a cabeça ereta e olhe para frente. Não abaixe a cabeça - isso é submissa

Postura corporal: relaxada e não rígida

Linguagem corporal nos negócios

- Ajuste sua linguagem corporal para a situação

- Identifique os pensamentos e emoções daqueles com quem você lida

- Isso aumentará sua capacidade de negociar

- Mostrar linguagem corporal confiante - não agressivo, para ser respeitado e apreciado

Proximidade

Seja nos negócios ou na vida social, considere o espaço pessoal ao lidar com os outros. Permaneça dentro da zona apropriada para a situação.

As distâncias dadas medem a diferença entre você e a outra pessoa:

12 pés e acima: zona pública; geralmente sem interações a menos que ouça um alto-falante em um microfone

4 a 12 pés: interações sociais; tocar pode ser feito movendo-se mais perto

4 a 18 polegadas: zona pessoal. Permite tocar. Isso geralmente éfeito para familiares e amigos ou para aqueles em quem você confia.

6 a 18 polegadas: para relacionamentos íntimos. Isto é reservado apenas para aqueles que estão perto de você. Se alguém com quem você não se sente confortável invade esse espaço, você normalmente terá o desejo de defender-se

Lembre-se de que os requisitos de espaço pessoal podem diferir da cultura e atividade. Invasão de espaço pessoal não significa hostilidade o tempo todo. Respeite a distância pessoal, mas não fique muito longe de outra pessoa.

Você pode defender seu espaço pessoal por meio do seguinte:

- Colocar uma barreira entre você e a outra pessoa

- Desviando o olhar ou se afastando

- Adotando uma linguagem corporal fechada

Empatia

Estes ajudam a construir empatia com outras pessoas:

1. Sorria genuinamente
2. Remova barreiras físicas entre você e outras pessoas.
3. Tenha uma posição corporal relaxada.
4. Ouça ativamente e repita o que a outra pessoa disse para mostrar que você está ouvindo.
5. Espelhar as pessoas: copie ações e movimentos de outros para liberar um

senso de similaridade. Algumas coisas para imitar sutilmente são:

- Sorria - sorria sempre que sorrir

- Postura - imite sua linguagem corporal (se for negativa e / ou fechada, espelhe primeiro e, em seguida, mude gradualmente para uma postura corporal positiva e aberta)

- Gestos - copie seus gestos

- Fala - adote seu volume de fala, taxa e palavras

Confiança

Confiança aumenta atratividade e credibilidade. A boa notícia é que melhorar a linguagem corporal aumenta a autoestima e o aumento da confiança também melhora a linguagem corporal.

Dicas

- Fala: Fale com confiança e use uma boa qualidade de voz. Combine seune com seus gestos e linguagem corporal

- Postura: Use uma linguagem corporal aberta. Não curve.

- Vestuário: Vista roupas que melhorem sua aparência

- Aparência: Invista na sua aparência, mantenha-se limpo e apresentável.

- Pratique na frente de um espelho. Note como você se parece e como se move. Evite gestos nervosos e realize movimentos eficazes.

- Pratique contemplar. Ele constrói rapport e mostra interesse.

Linguagem Corporal Eficaz

Siga estas diretrizes para que as pessoas naturalmente confiem e respeitem você.

- Mantenha as costas e o pescoço retos

- Adote uma postura ampla. Fique de pé com os pés confortavelmente separados.

- Coloque as mãos nos quadris com os cotovelos abertos.

- Ao apertar as mãos, posicione a mão verticalmente e dê um aperto de mão firme.

- Evite espaços abertos atrás de você. Issoimpedirá o desconforto.

- Caminhe rápido e dê passos largos.

- Quando estiver sentado, posicione as pernas ligeiramente separadas ou com uma perna cruzada. Se você puder se safar, coloque as mãos atrás da cabeça também.

Aumentando o carisma

Há muitas maneiras de aumentar aatratividade: cuidando de sua aparência, sendo bem-sucedido, sendo autoconfiante e expressando sua disponibilidade. Use a linguagem corporal para anunciar sua disponibilidade fazendo o seguinte:

Exibindo linguagem corporal confiante: Como mencionado anteriormente, a confiança é uma necessidade para aumentar a atratividade.

Ter uma postura corporal aberta: Uma linguagem corporal aberta desarma as pessoas enquanto uma postura corporal fechada aumenta a resistência.

Construa o rapport: torne mais fácil para o seu alvo abandonar suas inibições.

Fazendocontato visual: Olhar nos olhos de outra pessoa aumenta sua atratividade. Segure seu olhar por mais de três segundos, mas não o prolongue demais se a pessoa ainda não confiar em você. Estabeleça rapport primeiro para tornar isso efetivo.

Preparando-se: mostre gestos de arrumação, como ajustar suas roupas, pentear o cabelo, etc.

Aponte o corpo para a direção da outra pessoa: Encare a pessoa diretamente ou, pelo menos, faça com que os seus pés ou joelho apontem na direção dela (não no ombro, essa é uma postura defensiva!).

Balançando um sapato: Se você é mulher, balance seu sapato. Isso sinaliza que você está confortável em estar na presença da pessoa desejada a ponto de remover algumas partes de sua roupa (um sapato pendurado revela seupé nu).

Exponha seu pulso ou pescoço: estas são partes sensíveis no corpo de uma mulher. Mostre isto para o seu alvo e ele vai receber o sinal de que você está disposta a revelar outras partes sensíveis de si mesmo.

Jogar o cabelo: o cabelo de uma mulher pode ser usado para atrair a atenção dos homens.

Agarrando seu cinto: Quando um homem executa esse gesto, ele direciona a atenção para sua virilha.Isso dá um sinal de que você é sexualmente confiante e disponível.

Tocando-se: tocar em si mesmo é um sinal de que você está disponível para ser tocado.

Acariciando objetos.Este pode ser um gesto sutil que você queira tocar na outra pessoa.

Invadindo o espaço pessoal: a invasão de espaço pessoal é excitante. Se você tem certeza de que a outra pessoa confia em você ou pelo menos não está na defensiva em relação a você,posicione-se muito perto dela.Isso pode ser intensamente sedutor quando feito corretamente e no momento certo.

Alguns truques de linguagem corporal

Para incentivar as pessoas a dar mais informações: Acene com a cabeça devagar

Para incentivar o acordo: acene com a cabeça enquanto fala e / ou toque na pessoa por três segundos

Para fazer as pessoas reagirem positivamente a você: gesticule com as palmas voltadas para cima e não para baixo ou apontando para elas

Para atrair o interesse deles: olhe nos olhos deles, desvie o olhar e retome o contato visual

Para acalmar os outros: exponha suas palmas

Para mostrar sutilmente o seu domínio: coloque as mãos ao lado do corpo ou uma mão sobre outra

Para afastar os valentões: olhe para o ponto entre as sobrancelhas

Para parar um tagarela ou sair rapidamente: torça o ombro na direção da outra pessoa

Pistas de Desonestidade

Lembre-se que estes mostram o engano:

- Quietude
- Mudanças súbitas na linguagem corporal
- A voz não é congruente com a linguagem corporal
- Certos gestos (ver mentindo)

Evite estes para que as pessoas confiem em você.

Voz

Você pode dizer o que uma pessoa está sentindo pela maneira como ela soa.

- Tom ascendente: perguntando, duvidando
- Tom ascendente e descendente: sarcasmo
- Rápido e tem vários passos: entusiasmo
- Lenta e monótona: depressão, desesperança

- Argumento alto e crescente: raiva

Melhore o discurso

Como mencionado anteriormente, a voz é de 38% da comunicação.Trabalhe no seu discurso para aumentar sua capacidade de expressar ideias e persuadir pessoas.

- Passo: Use um tom baixo e uniforme. As pessoas respeitam aqueles com vozes mais profundas
- Velocidade: Fale em uma taxa média para evitar confusão e desatenção
- Volume: Use um volume médio - muito silencioso e você será visto como submisso, muito alto e vai irritar as pessoas
- O tom revela emoções, por isso é melhor lidar com as emoções antes de falar. Varie tom para evitar ouvintes entediados

Considere ingressar em uma aula de falar em público. Além deser treinado para se expressar bem, você também aprenderá como falar com uma voz agradável e como usar a linguagem corporal para se comunicar de forma eficaz.

Capítulo 11: Evitando os Erros da Linguagem Corporal

Existem algumas maneiras pelas quais você pode cometer erros na linguagem corporal:

- Ao interpretar mal os sinais
- Ao não considerar as diferenças culturais e de gênero

Considere as seguintes coisas ao fazer sua análise.

Postura - má postura pode ser confundida como linguagem corporal fechada. Pode realmente ser causado pordeformidades esqueléticas, doenças e frieza.

Movimentos rápidos nem sempre significam impaciência ou engano. Também pode ser causado por:

- Nervosismo

- Ênfase

- Estresse, fadiga, doença

Inquietude é frequentemente citada como um sinal de ansiedade, mas também pode ser devido a:

- Tédio

- Estresse

- Frustração

- Autoconsciência

- DDA / TDAH

- Desequilíbrios nos hormônios, açúcar no sangue, química cerebral

- Medicamentos

Estas são apenas algumas das maneiras pelas quais um sinal pode significar outra coisa. Para eliminar fatores confusos, avalie-os:

- Condições ambientais
- Situação
- Atividade
- Saúde da pessoa
- Gênero da pessoa
- Antecedentes e cultura da pessoa

Diferenças culturais

Pesquise a cultura e descubra os detalhes da linguagem corporal. Por exemplo:

Cabeça: Em certas áreas do mundo, os movimentos da cabeça lado a lado mostram concordância

Contato com os olhos: Algumas culturas não prolongam o contato visual para evitar desrespeito

Gestos de mão: alguns gestos ocidentais são rudes para os outros

Pés: culturas asiáticas e do Oriente Médio não apontam os pés para as pessoas ou mostram as solas dos pés

Diferenças de género

Tome nota das seguintes diferenças de linguagem corporal entre os sexos. Isso ajudará muito na eliminação de mal-entendidos.

Linguagem Corporal Feminina

- As mulheres tendem a usar linguagem corporal fechada
- Endireitam a postura para aumentar a atratividade
- Mais propensas a sorrir
- Mais propensas a tocar
- Mais provável para espelhar

Linguagem corporal masculina

- Postura: postura larga
- Não é provável que espelhe, exceto quando estiver interessado
- Não sorri com tanta frequência quanto as mulheres
- Expressão facial reservada

Lembre-se de que as informações fornecidas acima sãoapenas generalizações.É melhor observar pessoas específicas para que você saiba o que significam seus movimentos e posturas.

A verdade é que a linguagem corporal é uma influência poderosa que determina como você se comunica e interage com outras pessoas. Porisso, é essencial que você o domine.Se você não fizer isso, você perderá 55% da comunicação humana.

Para fortalecer suas habilidades de leitura da linguagem corporal, revise este livro regularmente. Assista as pessoas todos os dias, seja na TV, fotos, vídeos ou na vida real.Tente decifrar seu estado interno pelos movimentos que eles fazem. Se puder, formule uma análise e pergunte se você adivinhou corretamente. Praticando regularmente, você aperfeiçoará seu conhecimento e agilizará seu tempo de avaliação.

Por ser um excelenteleitor de linguagem corporal, você também melhora a maneira como se expressa através da linguagem corporal.Seja consistente em suas práticas e estudos para que suas habilidades se desenvolvam simultânea e rapidamente.

Conclusão

Obrigado novamente por baixar este livro!

Espero que este livro tenha ajudado você a entender como maximizar sua compreensão da linguagem corporal.

O próximo passo é praticar a interpretação e dominar sua linguagem corporal diariamente.

Finalmente, se você gostou deste livro, então eu gostaria de pedir um favor, você seria gentil o suficiente para deixar um comentário para este livro?Seria muito apreciado!

Clique aqui para deixar um comentário para este livro!

Obrigado e boa sorte!

www.ingramcontent.com/pod-product-compliance
Lightning Source LLC
Chambersburg PA
CBHW072006070526
44583CB00015B/1351